本报告为中国社会科学院"'一带一路'倡议下的黑龙江省全方位对外开放研究"国情调研项目的结项成果

智库 中社 国家智库报告 2018（16）National Think Tank

"一带一路"

"一带一路"倡议的北向支点
——黑河市开放发展报告

邢广程　刘爽　谢宝禄　等著

THE NORTHWARD FULCRUM OF "THE BELT AND ROAD"
——REPORT ON THE OPEN ECONOMY IN HEIHE CITY

中国社会科学出版社

图书在版编目(CIP)数据

"一带一路"倡议的北向支点：黑河市开放发展报告/邢广程等著.
—北京：中国社会科学出版社，2018.8
（国家智库报告）
ISBN 978 - 7 - 5203 - 2870 - 8

Ⅰ.①一… Ⅱ.①邢… Ⅲ.①对外开放—研究报告—黑河
Ⅳ.①F127.353

中国版本图书馆 CIP 数据核字（2018）第 165413 号

出 版 人　赵剑英
项目统筹　王　茵
责任编辑　范晨星
责任校对　石春梅
责任印制　李寡寡

出　　　版　中国社会科学出版社
社　　　址　北京鼓楼西大街甲 158 号
邮　　　编　100720
网　　　址　http://www.csspw.cn
发 行 部　010 - 84083685
门 市 部　010 - 84029450
经　　　销　新华书店及其他书店

印刷装订　北京君升印刷有限公司
版　　　次　2018 年 8 月第 1 版
印　　　次　2018 年 8 月第 1 次印刷

开　　　本　787×1092　1/16
印　　　张　15.25
插　　　页　2
字　　　数　195 千字
定　　　价　65.00 元

课题组首席负责人：

邢广程　中国社会科学院中国边疆研究所所长、研究员、法学博士

刘　爽　黑龙江省社会科学院东北亚和国际问题研究首席专家、研究员、历史学博士

谢宝禄　黑龙江省黑河市原市委副书记、人民政府原市长，研究员、经济学博士

摘要："一带一路"是中国与世界深度互动的链接范式，是中国向世界提出的内涵丰富的国际倡议。黑河市地处东北亚经济圈中心地带，与俄罗斯远东第三大城市布拉戈维申斯克市咫尺为邻，是面向俄罗斯远东地区和东北亚地区开发开放和"一带一路"倡议的北向支点城市。深入学习贯彻党的十九大精神，黑河市的开放发展肩负着充分借助"一带一路"倡议的巨大政策优势，加强区域协调发展、确保边疆巩固和安全，以及更好地满足人民日益增长的对美好生活的需要的重大责任。与此同时，黑河市的开放发展也具有推进地方政府治理能力和治理体系现代化，为新一轮东北振兴注入新活力，深化中俄双边经济合作，以及为"一带一路"倡议的实施提供有益的制度创新和体制机制建设经验的重要意义。

"一带一路"有两个最基本的因素，即互联互通和投资贸易便利化。黑河市与俄罗斯直接接壤，主动对接"一带一路"倡议，努力在这两方面下大功夫、做好文章。事实上，黑河市已经站到了中国与俄罗斯构建"一带一路"的区域前沿，黑河至布拉戈维申斯克跨境黑龙江大桥、跨境空中索道、跨境天然气管道、跨境电力线路等，都鲜活地表明黑河市对俄互联互通正在从蓝图变为现实。除互联互通之外，在投资贸易便利化方面，黑河市将设立与完善跨境经济合作区、跨境旅游合作区和互市贸易区作为新时代开放发展的战略目标。更进一步的，黑河市还需要与对面的布拉戈维申斯克市共同谋划，用足两国区域合作的一系列政策优势和空间。如果黑河市在这方面有实质性的进展和改善，就会在未来的发展进程中占据更为主动的位置。

关键词："一带一路"倡议；北向支点；黑河市；开放发展

Abstract: "The Belt and Road" is a linking paradigm of in-depth interaction between China and the world. It is an international initiative with rich connotations that China has proposed to the world. Heihe City is located in the center of the Northeast Asia Economic Circle, close to the city of Blagoveshchensk, Russia's third largest city in the Far East (hereinafter referred to as "Bushi"). Heihe City is also the northward fulcrum of "The Belt and Road" for being opened to the Russian Far East and Northeast Asia. In-depth study and implementation of the spirit of the Nineteenth National Congress of the Communist Party of China, the open-up development of Heihe City shoulders the huge policy advantage of fully utilizing "the Belt and Road" initiative, strengthens regional coordinated development, ensures the consolidation and security of the border areas, and better meets the growing needs for a better life of the people. At the same time, the opening and development of Heihe City also promotes the modernization of local government governance capabilities and governance systems, injects new vitality for a new round of northeastern revitalization, deepens bilateral economic cooperation between China and Russia, provides institutional innovation and experience in the construction of institutional mechanisms for the implementation of "the Belt and Road" initiative.

There are two basic factors in "the Belt and Road" initiative: interconnection and exchange, investment and trade facilitation. Heihe City directly borders on Russia and actively connects with "the Belt and Road" initiative. It strives to make great efforts in these two areas and make good articles. In fact, Heihe City has already reached the frontier of "the Belt and Road" region between China and Russia. The Heihe-Blagoveshchensk cross-border Heilongjiang Bridge, cross-border air ropeway, cross-border natural gas pipeline, and cross-border power lines are vividly shows that Heihe City's interconnection with Russia is becoming a reality from the blueprint. In addition to interconnection and interoperability, in terms of investment and trade facilitation, Heihe City will establish and improve cross-border economic cooperation zones, cross-border tourism cooperation zones, and mutual market trade zones as strategic objectives for the opening up and development of the new era. Furthermore, Heihe City also needs to plan with the opposite Blagoveshchensk City to use a series of policy advantages and space for regional cooperation between the two countries. If Heihe City has made substantive progress and improvements in this area, it will occupy a longer active position in the future development process.

Key Words: The Belt and Road Initiative, the northward fulcrum, Heihe City, to open up for development

目　　录

前　　言

深入学习贯彻党的十九大精神，是全党全国当前和今后一个时期的首要政治任务。党的十九大报告专门列出"实施区域协调发展战略"，强调中国区域协调发展的必要性和战略性；明确提出了"加快边疆发展，确保边疆巩固、边境安全"的任务，阐述了通过深化改革加快东北等老工业基地振兴的部署。黑龙江省黑河市地处中国北部边陲，属于边疆地区，需要在"加快边疆发展"上发力，在"确保边疆巩固"上下功夫，在保障"边境安全"上做文章。还要看到，党的十九大深刻阐述了中国主要矛盾的变化，黑河市也与全国其他地区一样，其主要矛盾表现为人民日益增长的美好生活需要和不平衡不充分的发展之间的矛盾，黑河市应该将着眼点放到如何改变发展不平衡不充分上，将发展作为主要的发力点，充分运用好独特的区位优势，更好地满足人民日益增长的对美好生活的需要。

黑河市需要充分借助"一带一路"倡议的巨大政策优势，将其开放和发展推向新的境界。"一带一路"是中国与世界深度互动的链接范式，是中国向世界提出的内涵丰富的国际倡议。"一带一路"有两个最基本的因素，即互联互通和投资贸易便利化。黑河市与俄罗斯直接接壤，应该主动对接"一带一路"倡议，在这两方面下大功夫、做好文章。事实上，黑河市已经站到了中国与俄罗斯构建"一带一路"的区域前沿，黑河至布拉戈维申斯克跨境黑龙江大桥、跨境空中索道、跨境天然气管道、跨境电力线路等，都鲜活地表明黑河市对俄互联互通正在从蓝图变为现实。这种立体化互联互通格局将会极大地改变中俄两国区域合作的面貌，提升双方经济合作的水平和规模。黑河市已经占据了未来发展的先机，正承载着中国与俄罗斯构建"一带一路"的合作使命。除互联互通之外，在投资贸易便利化方面，黑河需要与对面的布拉戈维申斯克市共同谋划，用足两国区域合作的一系列政策优势和空间。如果黑河市在这方面有实质性的进展和改善，就会在未来的发展进程中占据更为主动的位置。

为完成中国社会科学院国情调研基地项目——"一带一路"倡议下的黑龙江省全方位对外开放研究国情调研，中国社会科学院中国边疆研究所与黑龙江省社会科学院结成对子，共同进行相关学术调研和研究。2017年5—7月，课题组在赴黑龙江省进行调研之前，做了充分的准备：一是邀请专家座谈，熟悉黑龙江省沿边情况；二是学习、研究有关文件及相关资料，对调研内容展开深入讨论。2017年7月17—23日课题组一行赴黑龙江省黑河、鸡西、密山、绥芬河、牡丹江等边境口岸市县，就黑龙江省沿边地区开发开放、对俄贸易相关情况进行实地调研。2017年7月20—27日，课题组委派中国边疆研究所李大路副所长带团赴黑龙江省几个口岸城市考察，考察组分别走访了佳木斯、抚远、饶河、虎林、鸡西等城市，考察了口岸发展和建设情况。

在调研过程中，黑河市市委副书记、市长谢宝禄同志主动提出，希望课题组将调研的着眼点放到黑河市开放和发展方面，集中研究黑河市的开放发展问题。经过讨论和协商，课题组认为将在黑龙江省国情调研的重点放在黑河市是适当的，符合中国社会科学院国情调研项目的基本要求，利于集中精力"解剖麻雀"。2017年9月17日，课题组在中国社会科学院北戴河党校召开学术研讨会，中国边疆研究所、黑龙江省社会科学院的专家参会，黑河市市长谢宝禄同志率团出席会议。经过讨论，课题组提出撰写《黑河市开放发展报告》作为国情调研项目的最终成果。2017年11月10日，中国社会科学院中国边疆研究所、黑龙江省社会科学院课题组成员及黑河市有关负责同志在黑河市召开学术研讨会，中国边疆研究所李大路副所长和黑河市副市长马春波主持会议。课题组成员分别就《黑河市开放发展报告（初稿）》的写作情况、存在的问题及未来写作方向进行了交流和讨论。2017年11月25日，课题组在中国边疆研究所举行研讨会，进一步修改该项目初稿。2017年12月15日，课题组召开新时代中俄区域合作研讨会，邀请相关专家对修改稿进一步提出修改意见和建议。

黑龙江省国情调研项目历时一年，从最初立项到最终确定黑河市为调研目标，都经过科学的论证。项目展开后，中国社会科学院边疆研究所、黑龙江省社会科学院和黑河市有关单位紧密联系、互相配合，取得了较好效果。当然，报告还存在一些不足和值得修改的地方，希望读者提出宝贵意见和建议。

本课题的负责人除我之外，还有黑龙江省社会科学院刘爽研究员和黑河市谢宝禄市长。

黑龙江省社会科学院刘爽研究员和马友君研究员为本课题做出了重要贡献，他们精心组织和联络，对课题提纲进行周密设计，对课题初稿提出了很好的修改意见；程洪泽、梁雪秋和陈鸿鹏等几位青年朋友也为本课题做出了贡献，所有这些都为本课题的顺利结项奠定了基础，感谢黑龙江省社会科学院的同志们！

谢宝禄市长以极大的热情关注本课题的进展，他不仅全力支持课题组在黑河市的学术调研，而且调兵遣将，组织精干的写作班子，这是本课题得以顺利完成的关键因素。《黑河市开放发展报告》的撰写工作主要是由黑河市相关人员完成的，因为他们最熟悉黑河市情况。副市长马春波，政府秘书长隋冰，市社科联主席朱昊旻，市委政策研究室主任徐晓军，市政府研究室主任马喜龙，市发改委主任于德福，市环保局局长魏学敏，市商务局局长玄兆力，市旅游委主任李泽国，市文广新局局长蔡伟，边境经济合作区党委书记、管委会主任王海东，黑河学院远东研究院名誉院长、特聘教授王禹浪，黑河学院经济管理学院管理系主任张璐和黑河学院的谢文涛，黑河市委党校哲学教研室主任王文君，市政府驻阿办主任于春利，市文广新局副局长冯宇，市发改委综合科科长冯德海，市商务局经济促进科科长李站，市口岸办综合科科长郝连江，爱辉区政府办副主任谢云峰，边境经济合作区研究室副主任尹红梅等同志为本课题贡献了力量和智慧。为本课题做出贡献的还有黑河市委政策研究室的姜红雨、郭卫滨、杨立仁、李军、董鑫、蒋汉儒、郑环宇等，在此感谢黑河市的同志们对本课题做出的重要贡献。

本课题从立项到结项得到了中国社会科学院科研局的大力支持和指导，汤井东、何馨、韩锰、焦蕊等几位同志还在百忙之中参加了相关国情调研活动，感谢科研局的同志们！感谢中国边疆研究所李大路副所长、高月、阿拉腾奥其尔、范恩实、初冬梅、乌兰巴根等同志。我的几位博士后和博士也为报告付出了努力，他们是赵妮（撰写"导论"、编写提纲、统稿全书）、任大顺（统筹调研工作）、王雪梅（编译"中俄能源合作"、撰写"冰上丝绸之路"）、康佳（撰写"俄罗斯远东开发"主体）、薛锁锁（撰写"阿穆尔州、布市的经贸情况"）、刘宇（协助编辑）、张维维等。

中国社会科学院中国边疆研究所所长、
研究员、课题组组长 邢广程
2017 年 12 月 26 日

序　言

　　全球一体化和区域经济一体化是世界经济发展的大势所趋。随着经济全球化进程的不断加快，世界经济相互开放、相互依存，"你中有我，我中有你"的开放经济格局正在形成，任何国家和地区都不能独立于世界经济圈、割裂于全球化的发展趋势之外。中国始终坚持对外开放的基本国策。习近平总书记在党的十九大报告中强调，要主动参与和推动经济全球化进程，发展更高层次的开放型经济，推动形成全面开放新格局。可以预见，全方位的对外开放必将为国内经济释放发展新活力。

　　黑河市是国家首批沿边开放城市，与俄罗斯远东第三大城市布拉戈维申斯克市（以下简称"布市"）咫尺为邻，地处东北亚经济圈中心地带，拥有得天独厚的区位优势和良好的对俄合作基础。改革开放以来，黑河市始终把扩大对外开放作为必须担负的责任和推动自身发展的重要支撑，在全国率先打开了中俄经贸合作的大门，先后开创了中俄两国合作史上的"五个第一"，与俄阿穆尔州（以下简称"阿州"）布拉戈维申斯克市在经贸、文化、社会事业等领域合作不断深化，成为中俄边境区域全方位合作、一体化发展的典范，为推动中国更高层次的开放提供了坚实基础。

　　本报告紧紧围绕黑河市"一带一路"倡议北向支点的战略地位，紧扣中国特色社会主义新时代对外开放的新要求，以深化中俄区域经济一体化合作，打造"一带一路"和欧亚经济联盟战略支点，形成中俄两国面向东北亚和欧洲新的国际通道和贸易枢纽，促进中俄两国全面战略协作伙伴关系迈上更高水平为目标，从国家开放发展战略着眼，参考中西方经典理论，在总结和挖掘黑河市对外开放合作实践经验基础上，科学审视面临的挑战与机遇，提出了黑河市进一步开放发展、培育对外合作新业态新模式、拓展开放发展新空间的推进路径和系列政策构想。这不仅有利于推进黑河市实现对俄合作战略升级，也有利于国家优化区域开放布局，加快形成陆海内外联动、东西双向互济的开放格局。

导论 "一带一路"视野下的北向开放

20世纪90年代以来,经济全球化加速发展,一个国家或地区的经济活动不再局限于一时一地的某种条件,而是放眼于全球生产网络,综合考量近期利益与长远利益,力求与要素的密集区或生产区建立有效的联系,在更大的范围内开展战略规划与布局。2013年,习近平主席提出了"一带一路"倡议,揭开了中国与世界深度互动链接的大幕。"一带一路"倡议的实施,需要选取能够发挥辐射、撬动作用的支点城市,铺设畅达的国际交通设施,建设重点经贸产业园区等合作平台,这也是本报告以"一带一路"北向支点——黑龙江省黑河市为调研对象的根本出发点。

一 东北亚北部经济区——"一带一路"北向开放的起点

根据美国外交关系协会的定义,东北亚地区包括韩国、朝鲜、日本、蒙古国、中国的东北地区,以及俄罗斯的远东联邦管区,陆地面积有1600多万平方公里,占亚洲总面积的约40%。有学者按照经济重心的不同,将东北亚经济区细分为东、南、西、北四个经济区域①,它们分别是以符拉迪沃斯托克市(俄罗斯)为中心的东部经济区、以大连等城市群(中国辽宁

---

① 张建辉编译:《正在崛起的东北亚经济圈》,《河北经贸大学学报》1995年第2期,第56—59页。

省）为中心的南部经济区、以乌兰巴托（蒙古国）和呼和浩特
（中国内蒙古自治区）为中心的西部经济区，以及以哈尔滨市
（中国黑龙江省）为中心的北部经济区。

东北亚地区是第二次世界大战以来，迟迟没有建立区域合作机制的少数地区①，但是，无论是在国际政治还是国际经济领域，东北亚地区都有着牵扯整个环太平洋国家和地区的重要战略地位。对于中国，东北亚经济圈的合作与繁荣不仅具有重大的地缘政治意义，而且也有利于东北地区的振兴和发展。所以，继上海合作组织、中国—东盟合作机制后，中国政府意愿构建东北亚区域合作机制②，希望能够开拓一个相关国家经济一体化、政治文化合作交流的良好局面。

"'一带一路'贯穿亚欧非大陆，一头是活跃的东亚经济圈，一头是发达的欧洲经济圈，中间广大腹地国家经济发展潜力巨大。"③ 在"一带一路"倡议的愿景中，东北亚地区是"一带一路"联通的重要一极。这包含着两个方面的内容。第一，"一带一路"倡议的实施需要东北亚区域合作的繁荣；第二，明确由东北亚北部经济区自东向西出发，打造中蒙俄经济走廊，畅通中国经俄罗斯至欧洲国际经济合作通道，这是"丝绸之路经济带"的北向目标之一。2017 年，俄罗斯提议将连接俄罗斯欧洲部分与远东地区的跨欧亚航线——"冰上丝绸之路"概念也纳入中国的"一带一路"倡议框架，双方"开展北极航道合作，共同打造'冰上丝绸之路'"，这一行动更加强化了东北亚北部

---

① ［日］赵宏伟、青山瑠妙、益尾知佐子、三船惠美，『中国外交の世界戦略——日・米・アジアとの攻防 30 年』，明石書店，2011 年 3 月，第 258—275 页。

② 同上。

③ 国家发展改革委、外交部、商务部：《推动共建丝绸之路和 21 世纪海上丝绸之路的愿景与行动》，2015 年 3 月 28 日，中国政府网，http://www.gov.cn/xinwen/2015 – 03/28/content_ 2839723. htm。

经济区在"一带一路"北向开放中的地位和作用。

在"一带一路"北向开放的大背景下，以黑龙江省哈尔滨市为中心、面向北方俄罗斯远东地区的东北亚北部经济区的北向起点地位得以明确。与此同时，也就明确了根据"一带一路"的实施愿景，需要在东北亚北部地区（尤其是黑龙江省与俄罗斯远东地区交界的边境地区）选取能够发挥辐射、撬动作用的支点城市，从而开展互联互通建设的战略任务。

二　支点城市的选取

根据"一带一路"倡议规划，北向开放的省份包括内蒙古、黑龙江、吉林、辽宁、北京五个自治区、省和直辖市，其中，内蒙古负责联通蒙俄，北京的定位是推进构建北京—莫斯科亚欧高速运输走廊，黑龙江省则承接了完善对俄铁路通道和区域铁路网，以及与吉林省、辽宁省共同推进与俄远东地区陆海联运合作的战略任务。

基于地理位置对空间方位关系的界定，北向连接俄罗斯远东地区的战略支点便集中于中国黑龙江省北部与俄罗斯远东地区交界的边境市县。俄罗斯远东地区共有 9 个联邦行政区，除了位于东南端，东南临日本海、与中国和朝鲜接壤的滨海边疆区（首府符拉迪沃斯托克）外，还有 3 个与中国北方边境（3 个接壤边境地区全部位于黑龙江省）接壤，自西向东分别是：阿穆尔州（首府布拉戈维申斯克）、犹太自治州（首府比罗比詹）和哈巴罗夫斯克边境区（首府哈巴罗夫斯克）。黑龙江省与俄罗斯 3038 公里边境线上拥有 15 个边境口岸，其中有 9 个位于北方边境，他们分别是大兴安岭地区的漠河—加林达和呼玛—乌沙科沃口岸，黑河地区的黑河—布拉戈维申斯克、孙吴—康斯坦丁诺夫卡和逊克—波亚尔科沃口岸，伊春地区的嘉荫—帕什科沃口岸，鹤岗地区的萝北—阿穆尔泽特口岸，以及佳木斯地区的同江—下列宁阔耶和抚远—哈巴罗夫斯克口岸。相较于大兴安岭等 4 个地区的边境口岸，黑河市的独特优势在于，黑河市属于地级行政区，不仅经济规模、城市规模明显大于县级行政区，而且与其对应的俄方城市——阿穆尔州首府布拉戈维申斯克市在规格、规模和功能方面相互匹配，地理距离最为接近——最近处仅相距 750 米；与此同时，根据相关统计，布拉戈维申斯克市是俄罗斯远东地区的第三大城市，其在远东地区发展中的地位不言而喻。

跨境一体化是中俄合作的基本机制。目前，中俄双方的合作重点主要集中于采矿、矿物开发、森林采伐、农业、水利、发电和电力传输等方面。随着双方合作的深化，更多的提升附加值、繁荣增值链的行业都会得到进一步的扩展。合作的深化一方面会对港口、道路、铁路、桥梁等基础设施建设提出更高的要求，另一方面也会对资本、技术、人才、信息等要素流动的便捷性提出更高的要求。跨境经济合作区等跨境一体化的合作机制恰是以边境地区为实践的支点，吸收"一带一路"倡议延伸出的中、俄国内广大腹地与发达的欧洲经济圈的优势资源，为推动处于中心地带的中国东北地区和俄罗斯远东地区获取长期投资，实现自身现代化目标而服务。

综上所述，无论是从地理位置的角度，还是从合作机制的角度，黑河市都是面向俄罗斯远东地区开发开放，借力东北亚地区合作实践"一带一路"倡议的北向支点城市。黑河市的地理位置和经济属性为实现基础设施互联互通和投资贸易便利化提供了坚实的基础。

三 "一带一路"北向支点黑河市开放发展的战略意义

立足长远，黑河市的开放发展是国家构建更高层次开放格局的重要基点。从宏观层面来看，黑河市的开放发展规划，是以"一带一路"建设为依托形成陆海内外联动、东西双向互济开放格局的战略部署；从中观层面来看，黑河市开放发展所面临的诸多难题，需要在拓展中俄经贸合作、构建开放体系制度体制、实现区域经济转型升级、推进地方政府治理能力与治理体系现代化等重大课题的过程中寻求突破与解决。在经济全球化不断深化、区域经济合作日趋活跃、经济转型趋势不断加强的现实背景下，作为"一带一路"倡议的北向支点，黑河市立足于自身特性，针对开放发展进行战略谋划、系统设计，探索构建更高层次的开放型经济发展格局，具有重大意义。

（一）对黑河市自身而言，"一带一路"倡议下的开放发展为推进地方政府治理能力和治理体系现代化提供抓手

新时代黑河市开放发展面临着重大的发展机遇，但同时也迎接着巨大的挑战，例如，边境经济合作区先行开放的政策效应存在弱化和"最后一公里"落地难的问题；黑河市与布拉戈维申斯克市有着多年的人文交流合作经验，但文化城市的发展还需要承担转型升级的重大任务。党的十九大报告中对开放发展提出了明确要求："必须统筹国内国际两个大局，始终不渝走和平发展道路、奉行互利共赢的开放战略，坚持正确义利观，树立共同、综合、合作、可持续的新安全观，谋求开放创新、包容互惠的发展前景"；"主动参与和推动经济全球化进程，发展更高层次的开放型经济"①。宏大的国家战略离不开地方政府具体的贯彻落实，这就需要地方政府发挥主观能动性，释放积极性，切实提升治理能力与治理水平。黑河市开放发展之路为推进地方政府治理能力和治理体系现代化提供了新的抓手。

推进地方政府治理能力和治理体系现代化首要在于培育战略眼光。当今世界的发展，尤其是科技的进步，日新月异。地方政府需要培育敏锐的市场把握能力，做决策时，应当充分把握外界环境的变动趋势，对外界的基础设施建设、产业结构调

---

① 习近平：《决胜全面建成小康社会　夺取新时代中国特色社会主义伟大胜利》，《人民日报》2017 年 10 月 28 日第 1 版。

整要有充分的动态跟踪能力。比如高铁的建设，极大地缩短了地区之间的时间距离，从而塑造出比较优势。近年来，国际经济危机的爆发，加之俄罗斯受到了美国等发达国家紧密的经济制裁，这种外界环境的变动趋势，促使俄罗斯将视线向中国转移，也促使阿穆尔州布拉戈维申斯克市等地方政府在联邦体制框架下与黑河市的经济合作在国家层面获取更多的话语权，更容易得到俄罗斯在国家层面的肯定与支持。

推进地方政府治理能力和治理体系现代化在于培育经济要素动员能力。加快区域经济发展，需加强对整个经济资源、经济要素的动员能力。这种动员能力，不仅包括区域内部的资源要素的动员和组织能力，还包括在全球范围内的一种资源组织能力；既包括动员制度性因素的能力，还包括动员文化因素的能力。综合的、协调的动员与有效实现代表未来发展方向的保障体系是区域经济发展的核心力量，通过有效的动员和整合，文化、制度等要素才能系统发力，推动本地区实现高效且稳健的发展。

推进地方政府治理能力和治理体系现代化在于培育创造竞争优势的能力。黑河市具有扎实的产业发展基础，具有时间和空间尺度上的比较优势。更重要的是，黑河市地方政府在谋求开放发展的过程中，也在逐步积累培育比较优势向竞争优势转化的条件和能力。根据波特理论，比较优势是一种潜在的优势，需要转化为竞争优势，需要经过两个步骤把一个潜在的东西变成一个现实的东西，并由此赢得竞争。它的步骤安排是：第一步，科学客观地在特定时空尺度上评判自己的比较优势并顺应比较优势。第二步，为比较优势转化为竞争优势创造条件。顺应比较优势，是简单的对自身比较优势的激发，但如果要避免由于贸易结构不稳定而导致自身处于国际贸易中的不利地位问题，那就需要政府干预，将本国的比较优势转化为竞争优势创造条件。当然，有干预就会有风险，问题和挑战不可避免。使用政策手段帮助比较优势不足的地区,以使其获得更好的发展环境。对干预手段的把握和相关能力的提升就是治理能力的提升。

总而言之,要实现黑河市开放发展的战略目标,黑河市需要利用"第三方市场"的合作平台,通过加强与国内其他市场以及参与远东开发的发达国家合作,充分运用大项目建设契机提升社会资金利用水平,不断改善营商环境,并充分利用互联网等虚拟经济手段,实现虚拟经济与实体经济的有效对接。黑河市需立足固有优势,发展壮大加工业等传统业态,制定充分促进中小企业灵活发展的激励政策,并充分利用环境优势,提升文化大集等文化旅游产业优化升级建设。通过加强与阿穆尔州布拉戈维申斯克市的合作渠道,加强与广东省进行政府采购网上商城模式、大数据领域的经验交流,谋求合作建设跨区域公共资源交易平台,不断学习借鉴,开拓创新,从而实现治理能力和治理体系现代化的改革目标。

(二) 对东北地区而言,黑河市北向支点战略地位的发挥为新一轮东北振兴注入了新活力

区域合作的目的在于充分体现经济效益,避免经济低效。振兴东北地区是关乎经济社会发展全局的重大任务,黑河市地方辖区与黑龙江省其他地区共同面临着经济效益较低的发展困境。但是,根据经济地理区位论与劳动地域分工理论,每个地区都兼具发展经济的独特有利和不利条件:劳动密集型产业无法在北上广中心城区获取市场竞争优势,探险旅游等服务业项目在自然条件较为恶劣的高山荒漠地区却有较大的发展空间。所以,应当将区域的比较优势组合在一起,使其发挥最大的经济效益,以实现区域的发展。

黑河市的开放发展有助于激活东北地区的区域优势。黑河市地处东北亚经济圈中心地带,拥有得天独厚的区位优势和良好的对俄合作基础,黑河市等边境地区物流贸易集散、进出口加工和国际商贸旅游等功能的充分开发、跨境铁路、公路、桥梁、"冰上丝绸之路"等国际运输通道的建设畅通、黑河市与俄阿穆尔州炼化及成品油储输项目等重大能源合作项目的实施，都是利用黑河市等边境地区区位优势促进东北地区对外开放以实现振兴的重大战略任务。

黑河市的开放发展有助于改变东北地区国民经济的地区结构，充分开发利用经济增长中尚未充分利用的生产要素建立新型区域产业互动合作网络，实现最佳的经济、社会、生态效益。黑河市利用俄罗斯电力为能源的"新兴基础原材料加工区"和利用俄罗斯石油建设石油化工综合体，打造外向型产业聚集区、对外商品集散地、循环经济示范区和休闲度假胜地，突破长期以来以第一产业为支撑、第二产业负重前行、第三产业比重较低的产业结构，逐步优化第二产业并激励第三产业快速发展。

黑河市的开放发展有助于实现东北地区与国内市场的互联互通，促进区域经济一体化的更快实现。地方政府之间存在的无序竞争和地方理性的弊端，在全国范围内普遍存在。地方政府缺乏协作的概念，国内市场的互联互通、投资贸易便利化没有完全形成，各地区的积极性没有被充分调动。但廖什的市场区位论提醒我们，如何通过服务别人，实现自身的价值，从而得到很好的发展；服务的对象也会有一个很好的发展。在目前的全球经济网络中，黑河市既非中心区，也非次中心区，而是边缘区。但是，黑河市天然的区位优势使其具备成为次中心区域的优良条件。打通对俄通道，更能够看到黑河市服务于东北地区与全国市场、俄罗斯市场实现对接，从而提升区域经济价值，提升区域经济网络效率的良好前景。

（三）对于中俄双边关系而言，黑河市北向支点能够撬动双边经济合作深化的未来

无论是马克思的"实现人的全面而自由发展"的哲学思想，还是西方自由主义经济学的和谐思想，都为经济发展战略的制定提供了重要指导，即实现经济的平稳较快发展，并非简单追求个体利益的最大化，而是通过提供同等的发展机会，追求集体综合利益的最大化。中国宪法明确规定，"推动构建人类命运共同体"，就是要在各方都能够接受的前提下，通过对劳动、土地和资本的要素配置和共同作用，实现对社会、经济和空间的最优安排，强调结果不是零和博弈，而是互利共赢。中国国内的区域经济一体化是如此，中俄区域经济合作也是如此。

关于中俄双边经济合作的现状与发展趋势，学界普遍存在一种共识，即基于各种原因，作为两个新兴经济体大国，中俄经济合作水平总体上滞后于全球化大潮流，两国经济合作存在有待挖掘的巨大潜力。与此同时，2008 年国际金融危机和 2013 年乌克兰危机，使得俄罗斯资源出口导向型经济发展模式倍感压力，其"转向东方"的意愿逐渐增强。2015 年 5 月，中俄两国元首共同签署了关于丝绸之路经济带建设和欧亚经济联盟建设对接合作的联合声明，确认将就开辟共同经济空间开展协作。在秉持和平合作、开放包容、互学互鉴、互利共赢理念的"一带一路"倡议下，中俄双边经济合作如何探索新模式、取得新突破，这是中央与沿边地方政府共同面临的重要任务和长期课题。

黑河市的开放发展直接面向俄罗斯远东地区第三大城市——阿穆尔州首府布拉戈维申斯克市。黑河市将与布拉戈维申斯克市之间的区域经济合作定位为"中俄合作转型升级试验示范区"。这一目标是有望实现的。无论是在空间维度，还是在时间维度，黑河市都具备挖掘合作潜能、实现发展突破的比较优势。

通过对国内对俄合作口岸城市进行横向比较可以看出，黑河市在天然的空间距离优势的基础上形成了经济距离优势。中俄"双子城"不仅空间距离近，而且随着互联互通基础设施建设取得的重大突破，立体交通网络日趋完善，以跨境经济合作区为主体、境内外加工产业园和跨境电子商务产业园协调互动的大平台基本建成，两个城市之间的经济距离也随之大大缩短。经济距离的缩短与优化，意味着交易费用的降低，即两个城市之间的经济合作的基础设施成本、制度成本在随着开放型制度体系的不断完善而降低。加之天然的空间距离优势和长期人文交流形成的文化优势，城市双方通过直接的面对面会晤并达成共识的合作效率与效益都会大幅提高。

从跨境纵向产业合作角度来看，近年来，黑河市通过加大特色产业园区建设力度，产业集聚功能显著增强，形成了特色产业优势。例如，孙吴工业示范基地逐渐建设成为中国寒地黑土健康产业集聚区，黑河边境经济合作区经国务院和黑龙江省政府批准成为国家大小兴安岭林区生态保护和经济转型接替产业集聚区，依托俄油、俄气、俄煤等过境大项目，为打造项目总部基地及前沿服务基地提供了便利。特色产业优势的形成是构建跨境特色产业链的首要环节，围绕特色产业优势才能够形成金融服务、人才培养、仓储物流等多业态的产业联动甚至是产业联盟，为打造陆海内外联动、东西双向互济的开放格局奠定扎实基础。此外，在国家振兴东北战略的推动下，黑龙江省与中国开放发展的排头兵广东省开展对口合作，由此，广东省的管理团队、创新管理体制和运行机制都将通过设立分园区、产业转移等形式落地于黑龙江省，为省内城市的产业发展提供强有力的智力支持。

（四）对跨境经济合作区模式而言，黑河市的建设探索有利于积累相关体制机制的建设经验

跨境经济合作区，始建于20世纪50年代的欧洲莱茵河地区，并作为促进两个国家边境地区共同发展的新模式发展起来。跨境经济合作区的核心作用包括两个层级：第一层级是通过建立边境经济合作区，打破地域边界限制，将边界的劣势转化为优势；第二层级是通过边境经济合作区发展，将原本欠发达地区转变为一个新的开放型增长极。根据区域经济学理论，合作、产业的联合互动是区域经济发展的核心问题。那么，谋求区域经济发展的本质工作即为谋求区域间的合作，以及促进产业在区域间的联合互动。所以，无论从理论还是实践出发，跨境经济合作区都已经成为跨国次区域经济发展的重要载体。

通过对全球主要跨境经济合作区的跟踪调查发现，"由于设立跨境经济合作区在国与国之间具有一定的敏感性，在国内还涉及经济和技术上的可行性，在合作区的管理运行上还具有复杂性，所以无论欧洲的还是亚洲的跨境经济合作区建设，并非只有成功的经验"[①]，"国内缺乏跨境经济合作区运营模式的成熟经验，也没有形成系统的政策支持体系和制度创新体系"[②]。每一个跨境合作区的建设都会具有由国别性形成的特殊性，中国跨境合作区的最优模式也仍在探索之中。拥有较为明确的产业定位和逐步凝结起广泛发展共识的黑河市跨境合作区，能够为中国跨境区域经济合作和跨境经济合作区建设的理论和实践提供有益的经验示范。

黑河市跨境合作区的成功运营需要探索建立完善的体制机制。在中俄经贸往来中，政策和规则对接困难是最为突出的问题。政策和规则对接困难问题的根源在于双边经贸合作体制机制并不健全。中俄经济合作存在短板，俄罗斯经济发展状况不佳，市场经济观念较差。中俄双方在营商环境改善方面都有很大的进步空间。例如，2005 年与 2009 年发生的对在俄中国商人造成较大经济损失的"灰色清关"问题，其中既有历史与现实的政治性原因，也有俄方存在腐败利益链条且税收政策不完善、中方边境贸易政策不规范等制度性原因。政治因素是复杂的，而制度性因素则是可以做出积极改善的。黑河市跨境经济合作

---

① 邢厚媛：《以全球视野推动跨境合作区创新发展》，《国际经济合作》2014 年第 11 期，第 4—8 页。

② 同上。

区对贸易投资便利化的管理体制机制设立了明确的建设目标——按照"放开一线、管好二线"的原则探索建立完善的"两国一区、境内关外"管理模式，建立两国财政税收政策、海关监管政策协调统一机制，实现区内企业贸易自由化、投资便利化、金融一体化，人员、货物、资金自由流动，可以说是对中俄跨境合作的有益探索。

黑河市跨境合作区的成功运营需要探索切合实际的合作模式。除了创新以外，更多的需要依赖于中俄围绕经济发展和经济效益提升开展密切合作。跨境合作区建设的初期目标，一般是要集中消除要素流动障碍，跨境合作区的最直接功能在于聚集与便利，降低时间的风险，即不确定性。内部的交通基础设施和通讯设施建设相对完备和便捷，将大幅降低运输成本，加快区际间要素的聚集性和流动性。就长期运行来看，跨境合作区建设最大的难点在于实践过程中从要素聚集向要素扩散和区域互动发展的阶段转变。如何在合作中实现基础设施建设的功能及其综合开发与运用；如何发挥企业主导作用；如何根据地方产业优势建立比较有效的合作网络，特别是保证这个合作网络的制度建设等问题，都是包括黑河市在内的跨境经济合作区建设中需要不断解决和攻克的课题。

（五）对"一带一路"倡议的实施而言，黑河市的开放发展能够带来有益的制度创新

"一带一路"倡议的提出，其本身就是一次发展思路的创新，这一创新性的、宏大的发展思路为支点城市所在的经济区域提供了新的发展机遇，而支点城市及其所在地区对新发展机遇的把握反过来也为"一带一路"倡议的实施注入了新的创新性因子。

区域创新体系理论提出，实现发展方式的转变需要创新驱动。人类早期的发展主要依靠自然系统，特别是生物群落的自然生产能力来满足个人消费需求，而到了工业时代则强调利用矿产资源、化石能源来满足生产需要。目前，人类进入了知识经济时代，知识经济时代的特质即为人类需要依靠智力来实现社会发展，即人类已经认识到自然界本身的承受能力和休养生息的需要，并开始转而开发自身资源，使得知识这一要素能够更高效被生产出来并服务于更多产出。这一发展规律同样也与黑河市乃至整个东北地区在新中国成立以来的发展轨迹高度匹配。从东北地区现实发展情况着眼，目前则急需改变原有发展思路，通过提高知识生产能力与知识生产效益，加速知识转换和知识应用来提升经济效益，增加社会财富。

创新的内容与对象不仅包含物质、技术，还包括制度与文化。在市场经济条件下，根据韦伯工业区位理论，需要多种要素进行生产的企业在进行最佳区位选择时，不仅会遵照原料指向和市场指向（消费指向）原则，理性的企业还会慎重考虑制度和文化因素，即遵循制度指向或文化指向。黑河市在开放发展过程中，为实现与布拉戈维申斯克市之间搭建起从少到多、从低层级到高层级的经济、文化互联互通战略目标，需要在制度层面为生产要素的流动、企业活力的激发、优势产业的聚集、创新能力的吸收、共同兴趣目标的构建等创造优越的基础性条件。基础设施的建设可以为运输活动的通达性提供保障，制度安排可以保障整个经济活动在良好秩序中的顺利运行。在制度环境的构建中，要注重与对方制度安排的协调，注重社会文化环境的宽容性，以及制度层级的高度等重要影响因素。制度层级越高，制度安排越协调，社会文化环境越宽容，由此形成的市场就会愈加融合，平台上的互动就会愈加频繁和通畅。

创新不仅是个体行为，更应当是集体行为。国家创新体系的构建是中国十八大以来谋求国家经济社会发展，实现从大国到强国转变的重要支撑点。构建国家创新体系，需要充分发挥中央政府宏观调控的职能作用。中央政府的重要作用在于，第一，提升制度层级克服地方理性弊端。第二，在国内市场一体化的过程中，需要中央政府协调建立地方政府间的利益协调机制，建立区域性议事机构，例如，资本投资到外地后税收的分配；技术创新方面，专利的申请、政绩指标的分配等。第三，中央政府应当加大制度供给，打破区域之间的行政壁垒，增强区域制度的可达性，促进产品和要素的自由流动，提升集体效率。利用区域协议性分工机制，通过统一有约束力的产业规划和政策来消除个体理性基础上的集体非理性行为，达到企业发展、地域发展和整体效率提升的多赢目标。

第一章 黑河市开放发展的
条件和基础

　　黑河市地处黑龙江省东北部,位于北纬 47°42′—51°03′,东经 124°45′—129°18′之间。东南和伊春市、绥化市接壤,西南同齐齐哈尔市毗邻,西部与内蒙古自治区隔嫩江相望,北部与大兴安岭地区相连,东北隔黑龙江与俄罗斯的阿穆尔州相对。全市面积 6.68 万平方千米,辖北安市、五大连池市、嫩江县、孙吴县、逊克县和爱辉区 2 市 3 县 1 区,计 27 个镇、38 个乡(7个少数民族乡)、566 个行政村、66 个城市社区。截至 2016 年年末,全市总人口 162.8 万人,其中,男性人口 82.2 万人,女性人口 80.6 万人。城镇人口 99.8 万人,乡村人口 63 万人。有汉、满、蒙古、回、达斡尔、鄂伦春等 39 个民族。

　　研究黑河市的开放发展,需要首先明确黑河市所具有的条件和基础,特别是要厘清它的发展现状、在全省与全国大局中的地位及其对外开放的历程,以便更清晰地了解黑河市,更准确地把握黑河市,更有前瞻性地定位黑河市,更有针对性地提出推进黑河市开放发展的一系列举措。

第一节 黑河市经济社会发展状况

　　改革开放以来、特别是近年来,黑河市深入贯彻落实习近平总书记系列重要讲话尤其是对黑龙江省重要讲话精神,认真贯彻新发展理念，立足比较优势，牢牢把握"两个全面"奋斗目标和"三长三短"辩证方法，围绕"走出一条新路子"，在上级要求做、黑河市有条件做和群众期盼做的事情，以及优势资源转化、新旧动能转换和补齐发展短板上发力，各方面工作取得重大成就，为开放发展奠定了坚实基础。

一　综合实力显著增强

2012—2016 年，黑河市地区生产总值由 366.2 亿元增长到 470.8 亿元，4 年间地区生产总值增长量超过 100 亿元。经济总量由 2012 年黑龙江省 13 个地（市）中排名第 9 位，到 2015 年上升到第 8 位；人均地区生产总值从 2012 年黑龙江省第 11 位，到 2016 年上升到第 7 位。分年度看，2012 年地区经济增长 13.1%，2013 年增长 8.1%，2014 年增长 7.8%，2015 年增长 7.1%，2016 年增长 6.2%，均保持在中高速适当的经济增长区间。2016 年，黑河市人均地区生产总值达到 27178 元（4295 美元），比 2012 年的 21877 元（3480 美元）增加了 5301 元，不考虑价格因素，增长了 24.2%。

二　产业结构逐步优化

2012 年，黑河市地区生产总值 366.2 亿元，其中：第一产业增加值 182.6 亿元，第二产业增加值 62.6 亿元，第三产业增加值 121 亿元，三次产业结构为 49.9∶17.1∶33。2016 年，黑河市地区生产总值 470.8 亿元，其中：第一产业增加值 222.9 亿元，第二产业增加值 70.4 亿元，第三产业增加值 177.5 亿元，三次产业结构为 47.4∶14.9∶37.7。2016 年第一产业比重比 2012 年降低了 2.5 个百分点，第三产业比 2012 年提高了 4.7 个百分点。

三　固定资产投资稳步增长

黑河市固定资产投资由 2012 年的 213.3 亿元增长到 2016 年

的 275.3 亿元。2015 年以前黑河市固定资产投资增速均在 10% 以上，2015 年受金融危机影响增速下降到 4%，但 2016 年又开始上升，增速达到 8.2%。2016 年增长最快的是投资项目：全年施工项目 650 个，增长 15.7%；完成投资 265.1 亿元，增长 14.5%。

四　消费市场繁荣活跃

黑河市社会消费品零售总额由 2012 年的 73.4 亿元增长到 2016 年的 114.7 亿元，4 年增长 56.3%，增速除 2015 年为 9% 外，其他年份均在 10% 以上。2016 年，城镇实现社会消费品零售额 85.8 亿元，增长 10.4%；乡村实现社会消费品零售额 28.9 亿元，增长 10.6%。

五　财政实力明显增强

2012 年，黑河市公共财政收入突破 20 亿元，达到 21 亿元；2016 年突破 30 亿元，达到 30.3 亿元，四年增长 50%。随着财政实力的增强，财政对经济社会发展的支持力度不断加大。2016 年，黑河市公共财政支出超过 170 亿元，比 2012 年增加了 55 亿元，增长了 47.8%，重点领域民生支出得到较好的保障。

六　对外开放向纵深发展

近年来，黑河市进出口贸易逐步回暖向好。2016 年，黑河市对外贸易进出口总值 6.1 亿美元，同比下降 23.2%，降幅比上年收窄 32.3 个百分点。其中，进口 3.2 亿美元，下降 3.2%，降幅比上年收窄 36.6 个百分点；出口 2.9 亿美元，下降 37.6%，降幅比上年收窄 32.5 个百分点。对俄贸易 5.8 亿美元，下降 14.8%，降幅比上年收窄 28.9 个百分点。对俄项目合作持续深化。2017 年年末，黑河市对外经济技术合作境内投资主体 73 户，运营的在俄项目达到 82 项。

七　新型城镇化稳步推进

2012 年，黑河市户籍人口城镇化率为 35.5%。2014 年城镇人口首次超过农业人口，达到 98.3 万人，户籍人口城镇化率达到 57.9%。2016 年黑河市户籍人口城镇化率达到 61.3%。2012—2016 年城镇人口增加 37.8 万人，增长 61.9%，极大地带动了投资和消费需求。与此同时，通过稳步推进农民工市民化进程，黑河市的城镇化建设不仅实现了量的扩大，更实现了质的提升。

八　生态环境保持良好

为了保持良好的生态环境，黑河市重点在以下几个方面采取行动并取得了显著成效：推进"黑河蓝"保护工程，森林覆盖率由 2012 年的 47.6% 增长到 2016 年的 48.2%，省级以上自然保护区面积达到 82 万公顷；开展打击破坏环境资源"百日攻坚"专项整治行动，有效遏制了"三毁"和盗采沙金、河砂等破坏环境资源违法犯罪高发势头；坚持生态产业化、产业生态化，生态优势向经济优势加速转化；稳步提高黑河市综合能源利用效率，单位 GDP 能耗由 2012 年的 0.8078 吨标准煤/万元下降到 2016 年的 0.5135 吨标准煤/万元。

九　居民生活大幅改善

近年来，黑河市居民收入稳定增长，生活质量明显提高。城镇居民、农村居民人均可支配收入分别由 2012 年的 16500 元、9700 元增加到 2016 年的 24474 元和 12969 元，比上年分别增长 6.7% 和 6.5%，较地区生产总值增速快 0.5 个和 0.3 个百分点。脱贫攻坚战取得阶段性胜利，截至 2016 年年末，全市 37 个贫困村摘帽，7048 户、11505 人脱贫，占全部建档立卡贫困村、贫困户、贫困人口的 28.2%、45.8% 和 42.8%。

十　城乡社会保障与卫生服务体系不断完善

改革开放以来，黑河市的社会保障与卫生服务体系日趋完善。2016 年年末，城镇养老保险参保人数 10.5 万人，失业保险参保人数为 3.9 万人，职工居民医疗保险参保人数 49.5 万人，新型农村合作医疗参合人数为 59.2 万人。此外，黑河市统一了城乡居民基本养老保险制度，不断提高企业退休人员基本养老金水平，全面启动了机关事业单位养老保险制度改革。截至 2016 年年末，全市卫生机构共 1078 个（含村卫生所 651 个）。其中，医院 61 个（含三级医院 4 家），卫生院 75 个，疾病预防控制中心 8 个，妇幼保健院（所、站）7 个。卫生机构床位 7671 张。卫生机构技术人员 10015 人，其中医师 3912 人拥有高级职称医护人员 565 人。

十一　文化教育事业持续发展

文化事业方面，2016 年年末，全市有文化馆 7 个，公共图书馆 6 个，博物馆 24 个，广播电台 1 座，电视台 6 座。电视人口覆盖率 96.82%，广播人口覆盖率 94.26%。教育事业方面，2016 年年末，全市高等教育在校生 9800 人。普通中学在校生 47461 人。中等职业技术学校在校生 9859 人。小学在校生 52113 人。小学、初中净入学率均达 100%。①

综上，近年来黑河市经济社会发展经受住了各种重大挑战和考验，经济保持中高速增长，转型升级和改革创新稳步推进，人民生活持续改善，社会事业全面进步，综合实力显著提升。如今的黑河市，已经同全国一样进入了新时代，站在了新的历

---

① 第一章引言及第一节涉及数据，为课题组根据黑河市 2012—2016 年国民经济和社会发展统计公报及近年来产业项目建设进展情况等资料整理所得。

史起点。过去取得的一系列成就，必将为黑河市未来开放发展奠定坚实基础。

第二节　黑河市在黑龙江省经济
社会发展中的地位

黑河市经济总量虽然仅占黑龙江省的3%左右，但由于资源、区位等因素，黑河市在全省经济社会发展中仍然具有特殊而重要的地位。

一　黑龙江省重要的粮食主产区

黑河市地处世界三大黑土带之一，是中国绿色、有机、功能性食品的重要产区。2016年年底统计，全市农作物播种面积129.9万公顷（1948.3万亩），农民人均耕地26.4亩，分别是全省、全国人均耕地面积的6倍和17倍。土壤类型主要为暗棕壤、黑土、草甸土，占90%以上，土层较厚，土壤肥沃，黑土层平均厚度60厘米左右，是全国平均水平的1倍以上，有机质含量在5%—7%之间，是全国平均水平的6—8倍，适宜豆、麦、薯等粮食作物和甜菜、亚麻等经济作物生长。

黑河市是"中国大豆之乡"，目前大豆播种面积占全国的十分之一、全省的三分之一。出产的大豆总异黄酮、总低聚糖、总类胡萝卜素、总维生素E含量均高于全国平均水平，其中，总类胡萝卜素比全国平均水平高30%，β–胡萝卜素含量接近全国平均水平的两倍。经过多年探索，黑河市已育成适应不同生态区划的大豆品种100多个，大多数品种大豆蛋白、脂肪总含量在60%以上，其中蛋白含量稳定在35%—41%、脂肪含量稳定在19%—24%，是食品加工的黄金比例。

黑河市是春小麦最佳种植区，处于全国春小麦优势产业带上，昼夜温差大，生育期间最长光照可达17小时/天以上。各种生态条件与全球盛产"硬红春"强筋小麦的加拿大非常相似，被农业部认定为中国优质强筋小麦优势产区之一。2016年种植小麦114万亩，产量24万吨，占黑龙江省小麦总产量的82.8%。①

二　黑龙江省三大林区之一

黑河市森林分布广阔，共有53个国有林场，15个自然保护区。全市地方林业用地面积307.7万公顷，森林面积207.7万公顷，其中国家重点公益林面积115.7万公顷。全市森林活立木总蓄积量1.29亿立方米。树种主要有红松、樟松、柞树、桦树等30余种。野生动物主要有狐狸、熊、野鸡、飞龙等40余种。野生植物366种，包括：刺五加、平贝、黄芪等药材80余种，蕨菜、黄花菜、茼蒿、老山芹等山野菜100多种，蓝莓、黑加仑、五味子以及桦树汁等野生浆果100多种，松子、榛子、山核桃等野生坚果50多种，黑木耳、猴头菇、蘑菇等野生食用菌60多种，是中国北药重点开发基地和天然绿色食品基地。国家发改委、国家林业局于2010年12月16日下发的《大小兴安岭林区生态保护与经济转型规划》明确将黑河市全境划为大小兴安岭重要森林生态功能区，享受国家生态功能区转移支付政策；森林覆盖率高于70%的县（区）参照资源枯竭城市财政转移支付政策；设立专项资金支持大小兴安岭林区发展接续替代产业；在基础设施、生态建设、环境保护、扶贫开发和社会事业等方面安排中央预算内投资和其他有关专项投资时，赋予西部大开发政策。目前，该规划使黑河市累计享受到政策性转移支付29.9亿元。其中，生态转移支付17亿元，资源枯竭城市转移支付12.9亿元，五大连池风景区、爱辉区、逊克县比照享受资源枯竭城市转移支付政策。②

---

① 该数据根据黑河市农委提供的相关农业基本情况整理所得。
② 该数据由黑河市林业局提供的全市林业基本情况整理所得。

三 黑龙江省重点勘探开发后备矿产资源基地

黑河市矿产资源丰富，共发现各类矿产 95 种，现已查明储量 37 种，分别占黑龙江省的 72.5% 和 48%、全国的 55.23% 和 23.27%。发现矿产地 600 余处，其中探明储量 71 处。现已查明铜储量 360 万吨，占全省探明储量的 97.7%；银 1526 吨，占全省的 70%；钨 12.4 万吨，占全省的 63.2%；岩金 140 吨，占全省的 43%。另外，煤、铁探明储量分别为 8.2 亿吨和 6548 万吨，分别占全省的 4% 和 17.7%。多宝山铜多金属矿为东北地区最大铜矿，翠宏山铁多金属矿为黑龙江省第二大铁矿。

近年来，黑龙江省加大了矿产资源勘查工作的力度，黑河市作为重要成矿带，是省内勘查工作的重点区域，重点成矿靶区相继投入勘查项目数十个，完成了东安、争光、三道湾子、上马厂等岩金矿的普查与翠宏山、多宝山、东安等矿床的部分勘探工作以及三吉屯煤炭井田的部分勘探工作。2011 年国家首批设立的 47 片找矿突破整装勘查区，黑龙江省有两片，三分之二坐落于黑河市行政区域内。

截至 2015 年 10 月底，黑河市主要矿产资源开发利用 7 种，分别为煤炭、沙金、岩金、铜、钼、大理岩、珍珠岩。优势矿产利用率最高的为沙金，查明资源储量的矿产地 29 处，已利用 27 处；利用率较低的是铜，查明资源储量矿产地 6 处，利用 3 处，资源已枯竭 1 处，铜矿尚未得到全面开发；非优势矿种利用比较充分的是煤炭，查明资源储量的矿产地 14 处，已利用 12 处；铁目前利用 6 处，规模均较小，在建的翠宏山铁矿为大型矿山。[①]

四 黑龙江省对俄重要口岸

中俄边境线长达 4300 余公里。中国黑龙江、内蒙古、吉

---

① 该数据根据黑河市国土资源局提供的全市矿产资源基本情况整理所得。

林、新疆四省区与俄罗斯毗邻，双方共有边境口岸22个，其中黑龙江省与俄罗斯3038公里边境线上拥有15个边境口岸：漠河—加林达、呼玛—乌沙科沃、黑河—布拉戈维申斯克、孙吴—康斯坦丁诺夫卡、逊克—波亚尔科沃、嘉荫—帕什科沃、萝北—阿穆尔泽特、同江—下列宁阔耶、抚远—哈巴罗夫斯克、饶河—波克罗夫卡、虎林—马尔科沃、密山—图里罗格、绥芬河—格罗捷阔沃（铁路）、绥芬河—波格拉尼奇内（公路）、东宁—波尔塔夫卡。① 黑河市作为一个地级市，与俄罗斯远东第三大城市——阿穆尔州首府布拉戈维申斯克市，是中俄边境线上唯一的，并且是规模最大、规格最高、功能最全、距离最近的一对对应城市，最近处相距仅750米。近年来，通过以大通道推进大通关，以大平台推进大合作，黑河市在全省对俄合作中的作用越来越重要。特别是借助黑龙江公路大桥开工建设带来的整体拉动效应，黑河市作为黑龙江省向北开放的重要平台功能将越来越完善，地位也将越来越突出。

以上四个方面，决定了黑河市在黑龙江省发展大局中的地位，也影响着黑河市今后开放发展的破题方向、主攻方向和工作着力点。推进黑河市开放发展，应立足这些方面深入挖掘它的比较优势，研究释放比较优势的路径，加快把比较优势转化为产业优势、经济优势。

第三节　黑河市是国家对俄开放的窗口

黑河市的对俄开放是中国对俄开放的缩影。改革开放后，黑河市在全国沿边地区率先重新打开对苏联边境贸易的大门。

---

① 潘德礼：《黑龙江边境口岸——现状、比较、困难与问题》2015年9月18日，个人图书馆网，http://www.360doc.com/content/15/0918/21/19204025_499980928.shtml。

从此，从国家层面作出的众多涉及对俄开放的重大决策，几乎全部涉及黑河市，甚至对黑河市的开发开放定位提出了明确界定和直接要求；依照相关政策建立的国家级对俄交流合作平台，也将部分地方特色交流活动提升成为国家层面的交流机制项目。

一　黑河市是国家首批沿边开放城市

黑河市对俄开放是国家的重大决策。1992 年 3 月，国务院印发了《国务院关于进一步对外开放黑河等四个边境城市的通知》（国函〔1992〕21 号）①，决定进一步对外开放黑龙江省黑河市、绥芬河市、吉林省珲春市和内蒙古自治区满洲里市四个边境城市，并且赋予了八条政策。一是边境贸易和对外经济合作，按国务院批准的《关于积极发展边境贸易和经济合作促进边疆繁荣稳定的意见》（国办发〔1991〕25 号）②和国家其他有关规定执行。省和自治区可以在其权限范围内，授予四市人民政府在管理边境贸易和经济合作方面一定权限，权限内的边贸、加工、劳务合作等经济合同由市自行审批。二是鼓励发展加工贸易和创汇农业。"八五"期间对为发展出口农产品而进口的种子、种苗、饲料及相关技术装备，企业为加工出口产品和进行技术改造而进口的机器设备和其他物料，免征进口关税和产品税（或增值税）。三是要积极吸收国内和国外的投资、促进经济发展。省和自治区人民政府可以在权限范围内扩大四市人民政府审批外商投资项目的权限。外商投资企业的企业所得税减按 24% 的税率征收。允许独联体各国投资商在其投资总额内

---

① 《国务院关于进一步对外开放黑河等四个边境城市的通知》，1992 年 3 月 9 日，中国政府网，http：//www. gov. cn/zhengce/content/2010－12/27/content_ 4966. htm。

② 《国务院办公厅转发经贸部等部门关于积极发展边境贸易和经济合作促进边疆繁荣稳定意见的通知》，1991 年 4 月 19 日，中国政府网，http：//www. gov. cn/zhengce/content/2010－12/23/content_ 4990. htm。

用生产资料或其他物资、器材等实物作为投资资本。四是可在本市范围内划出一定区域，兴办边境经济合作区。边境经济合作区具体范围由国务院特区办公室会同有关部门审定。五是对边境经济合作区内产品以出口为主的生产性内联企业，其生产出口规模达到一定额度的，经经贸部批准，给予对独联体国家的进出口经营权。内联企业的企业所得税率在当地减按24%的税率征收，内联投资者将企业利润所得解回内地，则由投资方所在地加征9%的所得税。"八五"期间免征投资方向调节税。六是边境经济合作区内的内联企业和外商投资企业在独联体国家易货所得，允许自行销售，进口时减半征收关税和工商统一税。七是边境经济合作区进行区内基础设施建设所需进口的机器、设备和其他基建物资，免征进口关税和产品税（或增值税）。"八五"期间，边境经济合作区的新增财政收入留在当地，用于基础设施建设。八是"八五"期间，中国人民银行每年专项安排4000万元固定资产贷款（每市1000万元），用于边境经济合作区的建设，纳入国家信贷和投资计划。从八条优惠政策可以看出，国家对四个边境城市寄予了深切厚望，对四个城市的开放发展给予大力支持。

为了加快黑河市的开放发展，国家为黑河市数开"先例"。1988年8月，《国务院办公厅关于黑河市与苏联布拉戈维申斯克市开展"一日游"活动的复函》（国办函〔1988〕39号）①，同意黑龙江省人民政府报国务院的《关于黑河市与苏联布拉戈维申斯克市开展"一日游"活动的请示》，使黑河市成为全国第一个开展对苏联"一日游"的城市。1992年9月，国务院、中央军委印发《国务院、中央军委关于同意开辟黑河、哈尔滨至俄

① 《国务院办公厅关于黑河市与苏联布拉戈维申斯克市开展"一日游"活动的复函》，1988年8月15日，中国政府网，http：//www.gov.cn/zhengce/content/2012－03/06/content_4090.htm。

罗斯和哈尔滨至日本国际航线的批复》（国函〔1992〕113号）①，1994—1998 年黑河市开通黑河瑷珲机场—双灯照—中俄国境点—布拉戈维申斯克往返走向的旅游包机航线，整个航程从起飞到降落只需 9 分钟，被称为当时"世界最短国际航线"。这些，充分说明了党中央、国务院对黑河市沿边开放地位的高度重视，体现了黑河市对俄开放窗口的极端重要性。

国家很多重大决策都把黑河市纳入其中。黑河市被确定为首批沿边开放城市以来，特别是进入 21 世纪以来，随着中俄全面战略协作伙伴关系的不断深化，对俄开放窗口和平台作用越来越突出。国家在战略谋划中，也把黑河市作为重要节点来考虑、来研究，这些在一系列重要文件中都有所体现。2005 年，国务院办公厅印发的《国务院办公厅关于促进东北老工业基地进一步扩大对外开放的实施意见》（国办发〔2005〕36 号）②明确提出，"加快建设边境经济合作区、互市贸易区和出口加工区，并使黑河、绥芬河（东宁）、珲春、丹东等边境地区具有物流贸易集散、进出口加工和国际商贸旅游等功能"。2014 年，国务院印发的《国务院关于近期支持东北振兴若干重大政策举措的意见》（国发〔2014〕28 号）③中明确提出，"加大国际运输通道建设力度，打通经俄罗斯的中欧铁路大通道，重点推进中俄同江铁路大桥、中朝丹东鸭绿江界河公路大桥、集安公路大桥等重点项目建设，开展中俄抚远、黑河等跨境铁路项目前期

---

① 《国务院、中央军委关于同意开辟黑河、哈尔滨至俄罗斯和哈尔滨至日本国际航线的批复》，1992 年 9 月 4 日，中国政府网，http://www.gov.cn/zhengce/content/2016－07/28/content_ 5093708.htm。

② 《国务院办公厅关于促进东北老工业基地进一步扩大对外开放的实施意见》，2005 年 6 月 30 日，中国政府网，http://www.gov.cn/zhengce/content/2008－03/28/content_ 1364.htm。

③ 《国务院关于近期支持东北振兴若干重大政策举措的意见》，2014 年 8 月 8 日，中国政府网，http://www.gov.cn/zhengce/content/2014－08/19/content_ 8996.htm。

研究，积极推进中蒙铁路通道建设"。"加快实施中俄原油管道复线、中俄东线天然气管道、黑河市与俄阿穆尔州炼化及成品油储输项目等一批重大合作项目。"2015 年，国务院印发的《国务院关于支持沿边重点地区开发开放若干政策措施的意见》(国发〔2015〕72 号)①明确提出，"支持满洲里、绥芬河、二连浩特、黑河、延边、丹东、西双版纳、瑞丽、东兴、崇左、阿勒泰等有条件的地区研究设立跨境旅游合作区。"2016 年，国务院印发的《"十三五"旅游业发展规划》(国发〔2016〕70 号)②，在打造大小兴安岭森林生态旅游区中明确提出，"全面提升塔河、漠河、黑河、鹤岗、伊春等城市旅游功能。大力开发冰雪旅游、森林旅游和温泉度假旅游产品，推动旅游业与林区生态保护、林业转型融合，建设全国著名的森林生态旅游目的地"。2017 年，国务院印发的《"十三五"现代综合交通运输体系发展规划》(国发〔2017〕11 号)③明确提出，"建设黑河至港澳运输通道"。"连接绥芬河至满洲里、珲春至二连浩特、黑河至港澳、沿海等运输通道，构建至俄罗斯远东、蒙古、朝鲜半岛的东北国际运输走廊。""推进丹东、珲春、绥芬河、黑河、满洲里、二连浩特、甘其毛都、策克、巴克图、吉木乃、阿拉山口、霍尔果斯、吐尔尕特、红其拉甫、樟木、亚东、瑞丽、磨憨、河口、龙邦、凭祥、东兴等沿边重要口岸枢纽建设。"同年，国务院办公厅印发的《兴边富民行动"十三五"

---

① 《国务院关于支持沿边重点地区开发开放若干政策措施的意见》，2015 年 12 月 24 日，中国政府网，http：//www. gov. cn/zhengce/content/2016 – 01/07/content_ 10561. htm。

② 《国务院关于印发"十三五"旅游业发展规划的通知》，2016 年 12 月 7 日，中国政府网，http：//www. gov. cn/zhengce/content/2016 – 12/26/content_ 5152993. htm。

③ 《国务院关于印发"十三五"现代综合交通运输体系发展规划的通知》，2017 年 2 月 3 日，中国政府网，http：//www. gov. cn/zhengce/content/2017 – 02/28/content_ 5171345. htm。

规划》（国办发〔2017〕50 号）① 明确提出，"研究建设孙吴—逊克—乌伊岭铁路，推进韩家园—黑河、鹤岗—富锦、创业—饶河—东方红、东宁—珲春等东北沿边铁路"。这些文件中的战略谋划，也为黑河市的未来发展指明了方向，提供了机遇。

二 黑河边境经济合作区的建立

1992 年，国家为进一步实施沿边开放战略，决定把黑河市等地开发建设成为"南联北开"和东北亚国际性区域合作窗口。根据《国务院关于进一步对外开放黑河等四个边境城市的通知》（国函〔1992〕第 21 号），原国务院特区办公室下发《关于设立黑河市边境经济合作区的批复》文件（特办字〔1992〕第 50 号），批准成立黑河边境经济合作区。

黑河边境经济合作区是黑河市对俄开放的最重要平台。国家核准开发区域 7.63 平方公里，已完成"七通一平"基础设施建设，成为具备商业、居住、行政、教育等完善功能的新城区，常住人口 6.2 万人。经国务院和黑龙江省政府批准，黑河边境经济合作区已成为国家大小兴安岭林区生态保护和经济转型接替产业集聚区、黑龙江和内蒙古东北地区沿边开发开放合作平台、省级新材料特色产业基地、省级财源建设示范区、省级重点对俄进出口加工园区、省级生态工业示范园区建设试点，拥有比较完善的政策支持体系。目前，五秀山和二公河两个园区已经建成，中俄国际科技产业城、黑龙江大桥桥头区、化工（跨境）产业园区以及阿州别列佐夫卡工业园区等境外园区建设也在逐步推进，境内外园区互动格局正在形成。

多年来，黑河边境经济合作积累了丰富的与俄罗斯交往的

---

① 《国务院办公厅关于印发兴边富民行动"十三五"规划的通知》，2017 年 5 月 28 日，中国政府网，http://www.gov.cn/zhengce/content/2017-06/06/content_ 5200277.htm。

经验，合作不断实现突破，一批能源、资源合作大项目相继落地；根植壮大了一批对俄经贸企业，储备了一批通晓俄语和俄方情况的专业人才；与阿州和布市政府部门建立了定期会晤机制，人员往来频繁、交流密切。

此外，国家有关部门对黑河市申报跨境经济合作区、跨境旅游合作区也都明确给予支持。这些平台建成后，黑河市将成为服务国内、联通俄罗斯、面向东北亚乃至欧洲的重要国际合作平台城市。

三　黑河市对俄合作的机制项目

在对俄开放过程中，黑河市开展的一些能够充分彰显民族文化自信、促进中俄两国民心相通、具有地方特色、在两国人民中引起重大而良好影响的人文交流活动，被提升到国家层面，成为两国交流的机制化项目。这些机制化项目，已经成为中俄两国人民友好往来的最佳载体和重要象征。

（一）黑河—布市"六一"国际儿童节少儿互访活动

1989—2017 年，黑河—布市"六一"国际儿童节少儿互访活动共举办 22 次，双方累计参加互访活动少年儿童 20870 人，参加活动的儿童由最初的 60 名发展至最多时 600 名，开创了中俄边境地区少年儿童互访人数最高纪录。2007 年该活动被外交部确定为中俄民间交往机制化项目。同时，主办单位注重延伸拓展，依托黑河市辖域内丰富的第二次世界大战遗址遗迹资源，连年举办"铭记历史、珍爱和平、携手未来"历史文化教育体验夏令营，通过全景式模拟攻占胜山要塞体验游戏、游览第二次世界大战遗址遗迹、祭扫烈士墓等活动，让中俄少年在回顾历史中接受教育，在合作交流中传承友谊。

（二）黑河市—阿穆尔州"三八"国际劳动妇女节互访活动

1998—2017 年，黑河市—阿穆尔州"三八"国际劳动妇女节互访活动共举办 19 届，双方累计参加互访活动妇女 1700 多人，参加活动的妇女由最初双方各 30 人增至现在的 45 人。2007 年该活动被外交部确定为中俄民间交往机制化项目。2017 年，第一次把互访活动从城区延伸到周边乡镇，使代表团成员能够更深层次了解邻国风土民情和地域文化，以更开放的姿态展示了黑河市的经济发展和文化繁荣。

（三）黑河市—阿穆尔州"中俄友谊横渡黑龙江"活动

2001—2017 年，黑河市—阿穆尔州"中俄友谊横渡黑龙江"活动共举办 14 届，双方累计参与的游泳爱好者共 3000 余人。每年国内 20 多个城市和地区的游泳爱好者前来参加，被两岸人民誉为增进中俄人民友谊的桥梁。2007 年该项目被外交部确定为中俄民间交往机制化项目。黑河市—阿穆尔州"中俄友谊横渡黑龙江"活动多次被评为全国体育旅游精品项目，被国家体育总局列为全国"7·16 全民游泳健身周"系列活动之一，是黑龙江省省级体育十大精品赛事。

（四）中俄文化大集

2010—2017 年，中俄文化大集共举办 8 届，2012 年被列为文化部中俄文化交流机制项目，2013 年上升为双方国家级文化交流项目，已成为大型中俄跨境文化贸易品牌。2017 年的第八届中俄文化大集，以"文化交流、文化贸易、文化旅游、繁荣发展"为主题，突出"中国文化走出去"理念，推动中俄文化交流互鉴，促进"一带一路"倡议深入实施。通过举办"中国·黑河论坛"、大型中俄露天篝火晚会、中俄民众巡游狂欢等一系列活动，促进了民心相通、相互交融，营造了两国友好、全民欢愉的热烈场面和浓厚氛围。①

综上，黑河市在全国对俄开放大格局中始终处于十分重要的地位。随着"一带一路"中蒙俄经济走廊建设的推进，以及

---

① 该数据根据共青团黑河市委、黑河市妇联、黑河市体育局、黑河市文广新局提供相关资料整理。

黑河大通道、大平台功能的完善，黑河市作为中国对俄开放重要窗口的地位和作用会愈发强化。

第四节　黑河市对俄合作的历程

早在 17 世纪 60 年代，中俄边境地区就有民间贸易往来。1689 年（清康熙二十八年）中俄签订《尼布楚条约》①，第 5 条规定："自和约已定之日起，凡两国人民持有护照者，俱得过界往来，并许其贸易互市"，俄国人正式获准在中国北方陆路通商。1693 年，俄国派使节赴北京觐见要求通商，康熙皇帝特准俄国在北京建"俄馆"，每三年可以派 200 人的商队入京逗留 80 天（其他国家不享受此待遇）。

1858 年中俄《瑷珲条约》和 1860 年《中俄北京条约》签订后，黑龙江成为界河。由于黑龙江左岸远离沙俄中心，其居民衣食、日用等物资皆依赖于中国供应，海兰泡、黑河间的中俄贸易有了很大发展。19 世纪末海兰泡人口达到 4 万人以上，其中中国人 1 万多，中国人经营的店铺 500 多家。1900 年沙俄制造了震惊世界、骇人听闻的"海兰泡惨案"和"江东六十四屯惨案"，中俄边境贸易一度中断。

1905 年（清光绪三十一年），《中日会议东三省事宜条约》议定，东三省自行开埠通商 16 处，其中包括瑷珲。1909 年（清宣统元年）设立瑷珲海关。1911 年，俄国正式在黑河设立领事馆，级别为副领事馆。同年，日、俄、美、德、法等国客商大量涌入黑河，在黑河开设大量商号，历史上被誉为"万国商埠"。

1917 年俄国十月革命后，中俄边境贸易得到延续。1931 年"九·一八"事变后，直到 1945 年之前，日苏关系紧张，界河

---

① 为拉丁文版本汉译本。

两岸戒备森严，基本没有贸易往来，期间 1935 年瑷珲海关关闭。

新中国成立后，在中苏睦邻友好的历史背景下，黑河地区与苏阿穆尔州地方领导人接触频繁。1956 年，苏方首先提出开展双方边境贸易。1957 年，经中苏两国政府批准，黑河、阿穆尔州两个边境地区间的贸易开始恢复。当时苏方出口的主要是电机、农用机械、汽车等，中方主要是水果、酱油、红砖等，当年完成进出口贸易总值 8.8 万卢布。1958、1959 两年间，双方交换商品 160 多种，进出口贸易总值 1808.1 万卢布。1960年，两国关系开始紧张，双方边境贸易逐渐减少。1965 年之后再也没有签订新的合同，1967 年，中苏贸易往来完全中断。

20 世纪 70 年代后期中苏关系逐渐缓和。1982 年，中国与苏联外经贸部正式换文，恢复地方双边贸易，以易货贸易为主，双边计账结算。1989 年，以戈尔巴乔夫访华为标志，中苏关系实现正常化。以此为契机，黑河市对外开放进入了快速发展的新时期。三十多年来，黑河市在沿边开放的实践中开创了很多历史先河：第一个恢复对苏边境贸易，第一个开通对苏边境旅游，第一个开展对苏边民互市贸易，第一个开展对苏国际经济技术合作，第一个在苏联境内创办合资合作企业，第一个与俄商业银行建立代理账户行关系，第一个开通中俄数字微波通讯和邮件互换业务，第一个开通至俄对应口岸城市的国际空中航线，第一个开展中俄边境贸易本币结算试点，第一个开办卢布现钞兑换业务，第一个与外国地方议会开展友好交往。①

然而，黑河市对外开放的历程并非一帆风顺，特别是对俄经贸的发展经历过"酷暑"，站上过巅峰，也踏入过"严冬"，跌入过低谷。近年来，黑河市委、市政府在深刻总结经验教训

---

① 朱家辰：《关于人民币区域化发展趋势的研究报告——以中国黑河市和俄罗斯布市为例》，《黑河学刊》2015 年 5 月第 5 期。

的基础上，带领全市人民积极转变思想观念，调整开放思路，以沿边开放促进全方位、深层次、宽领域对外开放，用博大开阔的胸襟迎来了对外开放新的春天。黑河市荣获"跨国公司眼中最具投资潜力的中国城市""中国魅力中小城市"称号。五大连池市入选"中国十大休闲城市"和"中国最具投资潜力中小城市20强"。嫩江县被评为"2009年度苏商投资中国首选城市"和"达沃斯·魅力中国最具发展潜力县"。五大连池景区荣膺世界地质公园、世界生物圈保护区、世界自然保护联盟绿色名录3项世界级桂冠和国家重点风景名胜区、国家级自然保护区、国家森林公园、国家5A级旅游景区、最具潜力的中国十大风景名胜区等14项国家级桂冠。

回顾近三十多年的开放历程，大体可分为五个阶段。

一　重开大门阶段（1982—1988年）

1982年1月，黑河口岸经国务院批准恢复，并确定为国家一类口岸，冰封十五年的对俄开放大门重新打开。1983年3月，中苏两国政府换文确认进行边境易货贸易、省级地方贸易和国家贸易。1984年8月，中央主要领导同志视察黑河市，提出了"南有深圳、北有黑河"，"南深北黑、比翼齐飞"的战略构想。黑龙江省委根据中央领导指示，确立了"南联北开，全方位开放"方针。黑河地委、行署审时度势，把"建港通贸"放在突出位置，制定实施了"内引外联、综合开发、建港通贸、兴边富民"经济发展战略，并把恢复边境贸易作为"七五"期间工作重点。

交通基础设施建设的发展适应了沿边开放的需要。1983年国家决定重建黑河瑷珲机场，1984年10月黑河航站重新组建，1985年11月黑河瑷珲机场正式投入使用，开通了第一条客货运输航线黑河—哈尔滨航线；1988年，黑河口岸开通了冰上汽车运输。

付出获得了成效。1987 年 9 月，黑河市以布市市民每人一公斤标准，向俄方赠送了 208 吨西瓜，俄方则回赠了 306 吨化肥。以此"礼节性"的相互赠送为标志，中断了 20 年之久的边境贸易得以恢复，"西瓜外交"从此载入中俄关系史册。当年，实现外贸进出口总值 10.5 万美元。

二　快速发展阶段（1989—1993 年）

1989 年，黑河市被黑龙江省委、省政府确定为通贸兴边试验区。借助这一政策机遇，黑河市稳步推进试验区建设，并于 1991 年建立了中俄边境地区第一个边民互市贸易市场。1991 年 5 月，"俄罗斯商品一条街"市场正式建立。

1992 年年初，中央下发邓小平同志视察南方重要谈话，在全国掀起又一轮改革开放高潮。黑龙江省委要求黑河市"进一步解放思想，闯出具有沿边特色的对外开放路子"。省委、省政府联合下发了《中共黑龙江省委、省政府关于进一步扩大对外开放加快发展外向型经济的决定》①，并给黑河市下放了管理权限，赋予了优惠政策。同年 8 月，国务院副总理田纪云同志视察黑河市。黑河市认真贯彻中央领导指示精神，充分利用国家和省赋予的优惠政策，抓住了中苏（俄）两国市场需求对接紧密的有利机遇。这一时期，黑河市对苏（俄）贸易迅猛发展，成为众多边境开放口岸竞相效仿学习的样板和炙手可热的口岸。

（一）对苏（俄）贸易进入历史最辉煌的时期

这一时期，黑河市对外贸易全部为对苏（俄）贸易，贸易额增长突飞猛进。1989 年黑河市对外贸易进出口总值比 1988 年翻了近两番；1993 年对黑河市外贸进出口总值为 4.1 亿美元，

---

①《中共黑龙江省委、省政府关于进一步扩大开放、加快发展外向型经济的决定》，1992 年 5 月 3 日，法律法规网，http://www.110.com/fagui/law_ 277673.html。

达到历史上的一个高峰，比 1988 年增长了 25 倍，占黑龙江省对俄贸易（18.9 亿美元）的比重为 22%。

1991 年苏联解体后，俄罗斯远东地区轻工业产品贫乏，人民生活水平下降，与中国轻工业产品丰富且价格较低形成强烈反差。俄罗斯市场的供需矛盾，为边贸企业和民贸商贩提供了攫取暴利的机会。当时，民贸利润约是成本的两倍。中国商贩（俗称"倒爷"）用五件价值 35 元的"阿迪达斯"运动服可以换俄价值 400 多元的 25 倍军用望远镜；一盒 20 多元大大泡泡糖换俄式普通大衣；十几双价值 30 多元旅游鞋可以换俄价值 800 元的双人皮划艇，等等。在暴利的驱使下，全国各地的企业和个体经商者纷至沓来，29 个省、市、区政府在黑河市市区设立办事机构，经济实体达 400 多家，3000 多家内地企业同黑河市边贸企业结成了稳定的贸易伙伴关系。然而"黑河热""边贸热""民贸热"现象的背后已经暴露出深层次问题，就是在暴利的驱动下，从黑河口岸出口的民贸商品以次充好、以假充真，极大地破坏了中国商品的信誉。这也是后来黑河口岸热度迅速下降的重要原因之一。

（二）对俄经济技术合作开始起步

1988 年黑河市对俄经济技术合作开始起步，主要是组织林业部门和建筑部门赴俄从事森林采伐和建筑承包。截至 1993 年，黑河市已与独联体国家和地区签订协议 20 余项，总投资额达 6 亿多元，劳务输出累计近千人。1989 年开始出现对俄农业劳务输出，但因 1993 年黑河市第一个在俄承包土地项目受挫，农业劳务输出和境外土地开发陷入低谷。

（三）"三点一线"开放格局初步形成

黑河、逊克和孙吴三个国家一类口岸，沿 354 公里对俄边境线形成了黑河市的沿边开放带。黑河口岸，1990 年 3 月中苏两国政府换文确认为国际客货运输口岸，1991 年 1 月正式开通旅客运输。逊克口岸，1989 年 12 月被批准为国家一类口岸，

1990 年正式对外开放，1992 年经国务院批准开通国际旅游，并被国家交通部批准为江海联运国际航运港口。孙吴口岸，1993 年 6 月被批准为国家一类口岸，1994 年由于当时俄罗斯国内经济等因素影响，双方过货量减少，双方对应口岸没有正式开通。

（四）航空业站上历史高峰

1990—1993 年黑河瑷珲机场航空旅客运输量占通航 15 年客运总量的 70%，在全国 143 个机场中排名 46 位。随着黑河至哈尔滨、齐齐哈尔、沈阳、大连、长春、北京、济南的空中航线相继开通，日高峰达到 9 班，黑河瑷珲机场一度成为东北最繁忙的机场。

（五）旅游业实现长足发展

1989—1993 年黑河市边境旅游年均增长 1.55 倍，1993 年突破 10 万人次，达到 11.1 万人次。1992 年开始正式发展国内旅游产业，当年国内旅游人数达到 17 万人次。

（六）民间交往日趋活跃

1989 年 6 月，中俄"六一"少年儿童互访活动拉开了黑河—布市青少年外事交往活动的序幕。此后，青年互访、青年医生互访、大学生互访、青年文艺工作者交流等中俄青少年外事交往活动相继开通，黑河市中俄民间交往日趋活跃。

三　低谷徘徊阶段（1994—2003 年）

1993 年下半年开始，俄罗斯政局不稳、经济下滑、需求下降、政策变动频繁；中国经济过热，通胀高企，内需不足，对俄经贸政策不断进行调整规范；加上双方边境地区经济落后，地方政府缺乏市场经济经验，双边经贸体制不健全；一些从事边境贸易的企业和个人缺乏信用和信誉等，诸多因素叠加在一起，导致中俄贸易急剧下滑。针对这一严峻形势，1999 年以来黑河市委、市政府实施了"依托边贸、梯度推进，推出品牌、树立形象，扎寨筑巢、跨国自销，外辟市场、内建基地，旅贸并进、以游促贸，政府搭台、企业唱戏"对俄经贸战略。然而，由于俄罗斯经济长期低迷、投资环境差、风险高；黑河市为水陆口岸，对俄通道建设滞后，内地企业经由黑河口岸出口货物成本较高；对俄经贸思路、合作方式、贸易结构等方面还不尽科学等原因，虽然新战略发挥了一些积极作用，但并没有彻底扭转颓势。10 年间进出口总值、进出口货物总量、出入境人数等主要指标，除个别年份有较大幅度增长外，其他年份基本维持在较低水平。

（一）对外贸易徘徊不前

这一时期，除 1998、1999 年外，黑河市对外贸易进出口总值有 8 年在 1 亿—1.5 亿美元之间波动。1994 年进入最低谷，仅为 7537 万美元；1999 年为这一时期的最高年份，刚刚突破 2.5 亿美元。1996 年国务院印发了《国务院关于边境贸易有关问题的通知》（国发〔1996〕2 号）① 对边境贸易进行规范和界定，突出了边境地区特点，给边贸回升带来了机遇。在新的边贸政策促动下，对俄贸易进入了小幅上升期。1996 年黑河市对外贸易进出口总值 9923 万美元，同比增长 49%；1997 年达到 1.2 亿美元，1998 年和 1999 年两年均突破 2 亿美元。但是，从 2000 年开始又连续四年下滑，始终没有突破 1.5 亿美元。2003 年黑河市对外贸易进出口总值仅为 1.09 亿美元。

（二）进出口货物总量处在较低水平

这一时期，除 1999、2000、2001 年外，黑河市进出口货物总量有 7 年在 20 万吨上下波动。1996 年进入最低谷，仅为 15.6 万吨，1999 年进入小幅上升期，当年达到 27.5 万吨，同比增长 50.6%。紧接 2000、2001 年连续两年突破 30 万吨。但随后

---

　　① 《国务院关于边境贸易有关问题的通知》，1996 年 1 月 3 日，商务部网站，http://www.mofcom.gov.cn/aarticle/b/bf/200207/20020700031328.html。

2002 年又猛降至 19.7 万吨的较低水平,降幅 38.1%。2003 年黑河市进出口货物总量仅为 21.7 万吨。

(三) 出入境人数始终没有突破历史最好水平

1994 年黑河市出入境情况进入低谷,仅为 30.6 万人次,同比下降 58.7%。1995 年开始连续三年增长,其中 1995、1997 年增幅 23% 以上,1998 年出现一个小的停顿之后又连续两年增长,但幅度都不大,2000 年达到高峰 57.2 万人次,但比 1993 年低 2 万人次左右。之后连续三年以 10% 左右的幅度下降,2003 年仅为 40.7 万人次。

(四) 对俄合作艰难前行

截至 2003 年,全市累计签订对俄工程、劳务合作项目 224 项,合同金额 18635 万美元,外派劳务 15923 人次。境内俄商在黑河市投资兴办的企业和机构 8 家。境外华商在布市投资的企业达到 23 家,投资总额近 1000 万美元。跨国直销自销市场体系逐步完善,大黑河岛国际商贸城、俄布市贸易中心、布市建筑装饰装修材料批发市场和远东国际博览中心和克拉亚尔斯克市中国商品城等建成使用。2002 年黑河市成为全国实施外向型农业"走出去"战略试点城市,从这一年开始黑河市境外农业开发步伐逐年加快。

(五) 航空业发展喜忧参半

2003 年黑河瑷珲机场扩建为 4C 级机场,9 月经国家海关总署批准开通了黑河至俄雅库茨克临时货运包机航线,但由于俄海关税上涨原因,该航线只运营两班就被迫停航。

(六) 旅游业缓慢发展

10 年间,国内旅游发展势头较好,但边境旅游人数始终在 10 万人次左右徘徊。在国内旅游带动下,黑河市旅游整体呈小幅增长态势,旅游总人数年均增长 5.3%,旅游总收入年均增长 9.6%。

（七）对俄交往持续深化

1997 年黑河市工商联与俄布市工商会建立了友好商会关系。1998 年"五·一五"国际家庭互访活动开始启动。2002 年黑河市华侨组织与俄阿州华侨联合会建立了友好关系。黑河市对俄交往领域逐步扩大到政府、民间各个层面以及文艺、体育、科技、教育等各个领域。这一时期，观看异国歌舞、欣赏亚欧艺术、参加国际赛事、居家接待外国宾朋，成为黑河市和对应俄口岸城市的独特魅力。

四　企稳加速阶段（2004—2013 年）

2004 年，黑河市委、市政府在反复论证的基础上科学决策，经国家和省有关部门批准，将边民互市贸易延伸放大到整个市区。同年 1 月黑河市出台了《边民互市贸易区管理暂行办法》，5 月出台了《中俄边民互市贸易区优惠政策》；2006 年 12 月出台了《关于保障俄罗斯公民相关权益的意见》；2008 年建成了新的互市贸易载体中俄自由贸易城。政策的积极出台与贸易载体的建设，极大地激发了俄罗斯边民赴黑河互贸区旅游、度假、购物、经商、购房、置业热情。入境旅游购物俄罗斯人激增，日均 2000 人，最多时近 8000 人。据统计，2008 年黑河市接待俄罗斯持简化手续旅游人员 39 万人次，比 2003 年增长 12.9 倍；接待俄罗斯入境游客 47.8 万人次，比 2003 年增长 5.3 倍；互市贸易进出口额达 5 亿美元，比 2003 年增长 14.7 倍。2009 年 3 月开始，受俄罗斯"灰色清关"政策影响，互市贸易全面停止。但是，上述政策的实施，对扩大俄罗斯人在黑河市消费、提升口岸人气、促进边境旅游和服务业发展起到了决定性作用，也开创了黑河市对外开放事业发展的新纪元。

（一）对外贸易总量和质量均实现历史性突破

2004—2006 年黑河市对外贸易进出口总值连续三年翻三番，2006 年达到 15.8 亿美元，此后继续保持较高增长态势，2008

年达到 29 亿美元，比 2003 年增长 25.6 倍，其中出口增长 41.7 倍，进口增长 3 倍。其中，黑河市 2008 年对俄贸易进出口总值为 18 亿美元，比 2003 年增长 16.5 倍；边境小额贸易进出口总值为 13 亿美元，比 2003 年增长 18.7 倍。2009 年受国际金融危机和政策调整等因素影响，黑河市对外贸易进出口总值出现较大幅度下滑，实现 18.9 亿美元，同比下降 34.9%。2010 年，在国家一系列积极政策作用下，全国经济逐步回升向好，黑河市对外贸易进出口总值实现 28.5 亿美元，同比增长 50%。之后，黑河市对外贸易进出口保持迅猛发展态势，到 2013 年达到 41.9 亿美元，比 2003 年增长了 37.4 倍。

（二）对外贸易结构逐步优化

从贸易对象来看，2010 年，黑河市贸易范围覆盖 191 个国家和地区，比 2003 年增加 169 个，对美国、韩国、日本等国家的贸易大幅上升，减轻了对俄罗斯市场的过度依赖，降低了对外贸易风险。

从大宗贸易商品的进出口结构看，进口大宗贸易商品中，化工原料稳居首位；2010 年以来，电力、成品油、煤炭等进口实现从无到有，分别位居十大进口商品第二、五、七位。这四类国家亟须的资源、能源类商品，进口总值占十大主要进口商品的 71%。出口大宗贸易商品中，机电产品从 2003 年第五位跃居到 2010 年的首位；服装、农副产品、家具、纺织、鞋类仍然是主要出口商品；钢材从主要进口商品变成主要出口商品；塑料制品和高新技术产品逐步发展成为主要出口商品。这几类商品都是国家鼓励出口的商品种类。由此可见，黑河市对外贸易结构日趋稳定、科学、合理。

（三）对俄经济技术合作不断深化

黑河市对俄经济技术合作不断深化，主要表现在以下三个方面：第一，对俄经济技术合作规模扩大。截至 2009 年，黑河市累计签订对俄工程、劳务合作项目 355 个、合同金额 4 亿美元，工程承包面积累计达 157 万平方米；在俄森林采伐量累计达 220 万立方米，农业开发面积扩大到 80 万亩。第二，对俄经济技术合作开始向大项目拓展。俄电加工区中俄 220 千伏国际输电线路投入使用，加工区年供电能力达 25 亿度；中俄 500 千伏直流背靠背输电项目建成。第三，对俄重点建设项目进展顺利。油品储运与炼化综合体项目得到国家有关部委支持性文件及意见；数字电视合作项目，双方已成立专项工作组进行技术可行性研究；黑河盛安经贸有限责任公司在布市 4S 店建设项目取得两家企业的授权书，带动机电产品出口 259 万美元；黑河市顺鹏经贸有限责任公司在境外中联重科 4S 店项目完成销售服务中心主体工程；黑河星河实业发展有限公司在阿州别列佐夫卡年产 50 万吨水泥粉磨站建设项目用地获准；阿州建筑装饰材料综合市场建设项目完成一期建筑工程装修。

（四）旅游业发展进入黄金期

黑河市委、市政府瞄准旅游产业做发展文章，先后出台了《关于加快黑河旅游业发展的若干意见》《黑河边境旅游市场管理办法》《黑河市区一日游管理办法》；黑河铁路（集团）有限责任公司增开了黑河—哈尔滨、黑河—齐齐哈尔、黑河—牡丹江、黑河—太原旅游列车。截至 2013 年年末，黑河市拥有 53 家旅行社、23 家星级饭店（四星级 4 家、三星级 10 家、二星级 9 家）、21 处国家 A 级景区（5A 级景区 1 处——五大连池风景区、4A 级景区 1 处——瑷珲历史陈列馆、3A 级景区 14 处、2A 级景区 5 处）、3S 级滑雪场 1 处——龙珠远东国际滑雪场、省级漂流达标场所 3 处。2010 年，五大连池景区申遗综合整治"百日会战"取得决定性胜利，迁出居民 849 户 2967 人，拆除影响环境建筑 13.8 万平方米、退耕 1.28 万亩、恢复生态绿地 72 万平方米，供电线路、通讯线路全部由地上转入地下，一举解决综合整治多年难题，五大连池镇成为黑龙江省第一大旅游名镇。2011 年，五大连池国际体育旅游产业园进展顺利，"中俄双子城"旅游项目在"满洲里中俄地区旅游论坛"和21届哈洽会成功推介；五大连池宏福温都水城（五星级）投入运营；五大连池"圣水节"成为中国北方民族狂欢节。

原生态的自然环境、丰富的旅游资源，不断改善的软、硬件环境，带动了黑河市旅游业持续升温。2006年黑河市国内外旅游旅游总人数突破百万，达到112万人；2009年突破200万，达到216.5万人。2007年黑河市旅游总收入突破15亿，达到16.3亿元；2009年翻了一番，突破30亿，达到30.8亿元。2013年黑河市国内外旅游总人数、总收入分别达到494万人和40.8亿元。10年间，旅游人数增长了8.9倍，旅游收入增长了16倍。

这一时期是黑河市边境旅游业发展最好时期，2012年边境旅游总人数达到110.5万人的历史最好水平，2013年也保持在了87.3万人的高位。然而，出境旅游和入境旅游出现强烈反差也是在这一时期。2005年1月，黑河市和布市口岸实行每周七天工作日，大大方便了进出境游客，促进俄入境游客增长84.6%。同年，公安部下发《关于进一步严格工作措施坚决遏制我国公民出境参赌活动的通知》，8月正式取消异地办照政策，使经由黑河市出境旅游的国内游客减少42.6%，2006—2010年始终没有突破2万人。2007年入境旅游人数43.5万人，而出境旅游人数仅8162人，差距达52.3倍。2009年2月23日，在各边境口岸城市的积极争取和共同努力下，国家公安部、监察部、国家旅游局联合下发文件，批准黑河、崇左、丹东、牡丹江四市开展边境旅游异地办证试点工作；3月31日黑河市正式恢复对俄边境旅游异地办证。出境旅游快速回升，当年增长55.4%。2010年，各国应对金融危机措施效果显现，边境旅游在出、入境旅游的双重拉动下回升至34.1万人，增长35.6%。2012年，旅游业重新调整统计口径后，凡是出入境都计入边境旅游，出境游和入境游迅猛增长，均达到55万人以上，也是历史最好水平。

（五）对外开放环境明显改善

2008 年 3 月，黑河瑷珲机场引入南航集团并开通了黑河—哈尔滨—北京航线；2009 年 7 月，黑河瑷珲机场引入春秋航空股份有限公司同时开通了上海航线。2009 年，黑河瑷珲机场旅客吞吐量达到 8.5 万人次，同比增长 1.03 倍，进出港旅客日高峰达到 628 人次。黑河市服务升级。旅检实行每周 7 天、每天 10 小时工作制，货检实行每周 6 天、每天 12 小时工作制；2006 年新建了联检办公综合楼和货运轮渡码头，2008 年新建了旅检口岸待检大厅，改造完成后货物吞吐及旅客通行能力分别达 150 万吨、200 万人次；市区商业实现双语服务，街路和店名实现双语标注；贸易结算方式实现重大变革，2007 年 11 月中俄本币结算业务由边境贸易扩大到旅游服务贸易，12 月中国银行黑河分行在全国首家开办了俄罗斯卢布现钞兑换业务。

（六）对俄各层面交往合作全面展开

2007 年，经中国著名城市战略咨询专家策划，黑河市开始实施"两国一城"战略。同年，黑河市委、市政府下发了《关于全面推进"两国一城"建设的意见（试行）》（黑市发〔2007〕6 号），重点是把建立一体化发展格局作为"两国一城"战略的本质，加快推进"经济一体发展、往来自由便利、资源充分共享、文化相互包容"。其中：经济一体发展，主要是指建立黑河—布市自由贸易区，其间逐步消除关税、配额和其他贸易壁垒，实现商品自由交易、货币自由兑换。往来自由便利，包括两方面：软件是指两市间相互给予人员、货物及车辆自由出入政策，两市居民可以在对方城市自由居住、就学和就业；硬件是指两市间建立便捷的立体交通网络，城际公共交通发达、费用低廉。资源充分共享，指包括自然、人文、科教、信息、人力、行政、旅游、通讯、防灾救灾以及城市基础设施和服务设施资源在内的所有资源实现共享。文化相互包容，指两市的民族文化、历史文化、思想观念、文学艺术等实现包容并蓄，相融相通，相互认同。这四个方面中，经济一体发展是核心，往来自由便利是基础，资源充分共享是条件，文化相互融合是纽带。四者共同构成了"两国一城"的核心内涵。市政府将"两国一城"建设纳入"十大绩效工程"和"五个一"活动组织推进，有力促进了对俄产业发展、资源开发和能源建设、基础设施建设、农林、商贸、旅游、科教文卫交流、人才智力、环保、城市建设、口岸、信息平台建设、司法、金融、服务领域、政府间、民间十七个方面合作。黑河市与俄罗斯 7 个州、市建立了友好合作关系。

（七）跨境通道建设步伐加快

2010 年，浮箱固冰通道项目得到中俄总理定期会晤交通运输分委会批准，2011 年该项目当年开工、当年建设、当年使用。黑龙江大桥项目前期工作取得重大进展，特别是俄方态度发生积极变化——2011 年 6 月 15 日俄联邦政府第一副总理舒瓦洛夫批复了阿州请示报告，依据该请示报告阿州成立了阿穆尔投资股份公司，筹划以国际招投标方式融资建设黑龙江大桥项目。

（八）对俄工作全面加强

2010 年以来，黑河市政府坚持"官民并重，配合发展"，全面加强对俄工作。2011 年，立足找准、巩固和提升黑河市在对俄枢纽带中的地位，为了推进对俄合作向更高层次、更宽领域、更大规模转型升级，黑河市政府组织国家和省内知名企业家两次赴俄考察，达成实质性合作协议 6 项、意向性协议 7 项。同年 7 月，依据国家、省"十二五"规划及省东北亚经济贸易开发区、绥满沿边开放带规划，立足促进双边发展和服务黑龙江省和全国，制定出台了《关于加强对俄工作的若干意见》，并组建了对俄经贸咨询公司。在加强经济领域合作的同时，大力推动人文交流。媒体交流日趋活跃，推进新闻媒体与俄媒体互换版面和稿件、互派记者采访活动，在俄电台设立黑河联络处；

聘请俄罗斯人主持"俄语教学"栏目。联合举办了中俄油画展，合作开展了中俄合作文艺演出 10 余场。

五　转型升级阶段（2014 年至今）

这一阶段，受金融危机和俄罗斯经济发展影响，黑河市对外贸易大幅下滑。外贸进出口总值从 2013 年的 41.9 亿美元减至 2016 年的 6.1 亿美元，其中对俄贸易从 2013 年的 21.7 亿美元减少到 5.8 亿美元。但同时，这也是对外贸易的一个调整期、转型期。黑河市委、市政府主动应对，紧紧围绕"一带一路"中蒙俄经济走廊战略部署，以推进"出口抓加工，进口抓落地"为主线，以人文交流为引领，以对俄合作项目为核心，以境内外园区为支撑，加快构建面向俄罗斯远东地区、服务全省、全国的中俄合作高地。特别是黑河市对俄经济技术合作不断拓展，相继开展了石油、矿产、电力、通讯、建材、机电、农业、商贸物流等领域的对俄合作，合作区域由阿州向萨哈（雅库特）共和国、涅留恩格里区、克麦罗沃市等俄远东腹地城市延伸。

（一）对俄贸易低迷中呈现新亮点

为促进对外贸易健康发展，从 2015 年开始黑河市确定 50 家重点外经贸企业，全程跟踪服务外经贸企业，及时解决企业经营中遇到的难题。积极主动与外经贸企业进行信息交流，及时将国内外经贸政策通报企业，指导企业开展进出口业务。2015 年，黑河市对俄贸易呈现出一些亮点，表现为：对俄贸易高于黑龙江省平均进度 9.7 个百分点；对俄进口总值实现 36% 增长，电力进口保持稳定；粮食进口实现 24 万吨、8142 万美元，创历史新高。2016 年，黑河市对俄贸易情况喜忧参半：全年完成对俄贸易总额 5.8 亿美元，同比下降 14.78%；占整体贸易额度的 95%，同比上升 9 个百分点，高于黑龙江省增幅 0.49 个百分点；占黑龙江省对俄贸易的比重为 6%，在各地（市）排第四位；有业绩的对俄边贸企业 141 家，占有业绩外贸企业（149

家）的95％，其中超千万美元以上、亿美元以下的企业有6家，超百万美元以上、千万美元以下的有18家。

（二）对俄投资合作规模又有新扩大

黑河市政府鼓励企业"走出去"，全方位开展对俄投资合作，对俄石油、机电、矿产、农业、建材等重点合作项目成效显著，产业合作不断深化。石油合作方面，阿穆尔—黑河边境油品储运与炼化综合体进入实施阶段；萨哈（雅库特）共和国油田区块勘探开发项目已完成1号井和2号井钻探工作。林业合作方面，在俄罗斯伊尔库茨克州从事森林采伐和木材加工项目顺利进行，境外木材采伐量50万立方米，实现进口45万立方米、6209万美元。房地产开发方面，俄布市27区房地产开发项目的二期工程销售面积3万平方米建设完成。农业合作方面，黑河市北丰农业科技服务有限公司在俄投资3300万元新建日处理200吨浸油厂，并在境内配套建成精炼油和膨化大豆粉两条生产线，年加工能力达10万吨；黑河瑞达经贸有限公司在黑河投资的卡秋莎"螺旋压榨油厂项目"已投产运营；黑河市明辉经贸有限公司与黑河格润粮油有限公司合营的有机大豆油、大豆磷脂产品加工项目建成投产。

（三）边民互市贸易繁荣发展

黑河市政府重新修订了《黑河市中俄边民互市贸易区管理办法》，2015年7月，在哈尔滨海关的支持和监管下，边民互市贸易监管点和交易点正式投入使用。截至2016年，累计发放边民证1.2万本，通过民贸进口生活用品8000多吨，主要以面粉、食用油、蜂蜜、糖果等食品为主，更多的边民从互市贸易政策中得到了实惠。①

---

① 以上第四节数据，为课题组根据黑河市商务局、黑河海关、黑河市口岸办、黑河市旅游委、黑河机场分公司等部门提供的相关资料整理所得。

（四）人文交流日益密切

黑河市相关部门连续多年开展中俄黑河—布市"友谊之桥""六一"少儿互访活动，组织两国少年儿童参加音乐舞蹈比赛、音乐汇演。2017 年成功举办了第七届"中俄青少年民族风情展演"暨"2017 中国·黑河丝路国家青少年民族风情展演""走出森林的中俄宝贝"等活动。这些活动以两国儿童交流为纽带，增进了两国人民的传统友谊。除此之外，中俄边境城市展览会暨黑河市大黑河岛国际经贸洽谈会，已成为中俄边境城市交流合作的典范；中俄文化大集则被俄罗斯联邦文化部评为"远东及西伯利亚地区最有魅力的文化交流项目"。

了解黑河市开放的历程，将更加有利于总结其对俄开放的经验和教训，为进一步推进黑河市开放发展提供有益借鉴，避免走弯路、走错路，进而走得更稳、更快、更远。

第五节　黑河市对俄合作的重要机制

在对俄合作的历程中，黑河市与俄方特别是俄罗斯阿穆尔州、布拉戈维申斯克市之间，逐步形成了一些很好的合作交流机制，有力地促进了中俄地方间的经贸合作和人文交流。

一　政府合作机制

（一）高层定期互访机制

黑河市委、市人大、市政府、市政协与俄阿州布市、萨哈（雅库特）共和国雅库茨克市等友好城市高层间建立了交流互访机制。近年来，在中俄关系深入发展的大背景下，两岸高层互动更加频繁，年均会见 10 余次，为双方在经贸旅游、生态环保、城市建设、科技教育等多领域开展广泛交流和项目合作奠定了坚实基础。

（二）年度定期会晤机制

黑河市与各友好城市分别商定，每年在固定时间段内举行高层间工作会晤，共同总结前一段时期内各领域合作成果和合作项目进展情况，分析各领域在合作中遇到的障碍和问题，研究讨论破解办法和推动合作的举措，协商拟定下一年度两地间重点合作项目发展规划。

（三）使领馆沟通联络机制

黑河市与除朝鲜外所有外国驻沈阳的使领馆（俄、美、德、法、韩、日）建立了稳固顺畅的沟通联络机制并且互动频繁。近年来，黑河市委、市政府领导多次应邀参加外国驻沈阳使领馆举办的相关活动，在黑河市举办的大型涉外活动也有多个领馆派员参加。五年来，黑河市政府先后接待了以色列驻华使馆大使马腾·维尔奈、德国驻沈阳总领事卜布、美国驻沈阳总领事闻思国、日本驻沈阳总领事大泽勉、韩国驻沈阳总领事申凤燮、俄罗斯驻沈阳总领事白德福对黑河市的考察访问。

二 部门合作机制

（一）共同制定年度合作计划

截至2018年，黑河市的文化、教育、卫生、科技、国土、林业、环保、旅游、体育、商务、共青团、妇联、人社、民政等共55个市直相关部门与俄方相应单位或部门开展了对口合作。每年年初，对应部门间举行工作会谈，共同商讨制定本年度交流合作计划。

（二）遵循会谈纪要开展合作

双方对应单位或部门根据年度交流合作计划举行工作会谈，研究确定具体的交流合作项目，明确合作项目的组织、程序、分工、费用等具体事宜，并签署会谈纪要。双方按照所签署的会谈纪要内容，逐项开展交流合作项目，保证交流合作活动有序进行，交流合作规范化水平不断提升。

（三）合作项目定期通报制度

双方对应单位或部门间普遍建立了日常沟通联系机制，定期向对方通报交流合作项目的进展情况。同时，根据形势发展变化，不断丰富和充实通报内容，及时交流本领域、本部门业务发展动态、相关政策信息、行业动态及相关企业诉求等，为双方政府间决策提供参考，为区域经济发展和互利共赢提供助力。

三 企业合作机制

（一）共建展会平台

在长期的贸易交往中，双方经贸企业建立起了牢固稳定的合作伙伴关系。在每年跨境同期举办的中俄边境城市展览会暨大黑河岛洽谈会和阿穆尔州洽谈会上，中俄企业共同携手组展、布展、参展，共同对外宣传推介，开拓品牌形象，创造了更多合作新商机。

（二）深化商协会合作

近年来，黑河市以俄罗斯远东为重点，加强与俄罗斯腹地商协会的沟通交往，先后与阿穆尔州工商会、中小企业协会、工业家企业家联合会、布市国际中心协会建立起定期会晤机制，组织双方企业开展互访活动。政府部门先后引荐布市国际合作中心协会与爱辉区、边境经济合作区、哈尔滨保税区等建立了合作关系；帮助俄布市政府在黑河市设立俄罗斯远东地区第一个政府代表处；深入俄罗斯腹地扩大开放合作领域，北上与阿穆尔州工商会、雅库特共和国工商会建立一条三方商协会合作带，东扩与大连贸促会、阿穆尔州工商会、萨哈林工商会、堪察加工商会建立五方商协会信息共享平台，西进与阿穆尔州工商会、伊尔库茨克工商会建立订单商务考察合作机制。黑河市政府联手阿穆尔州工商会、乌拉尔工商会共同签署三方合作协议，与阿穆尔州工商会一道受邀赴圣彼得堡，参加了俄罗斯联邦工商会 95 周年成立大会。

(三)跨境金融合作

近年来,黑河市与阿穆尔州之间的跨境金融合作已经走到了黑龙江省的前列。黑河农商银行在 2016/2017 年度实现对俄罗斯亚太银行融资人民币 1.1 亿元,累计存放 5.68 亿美元和 8.1 亿卢布,对俄实现国际结算量达 2560 万美元;[①] 与俄罗斯储蓄银行、通信银行、亚太银行、南方区银行、工业通讯银行、农业银行等多家银行建立了长期友好的合作关系,与俄罗斯储蓄银行、通信银行、亚太银行建成账户行关系,实现了与这三家银行的汇款实时到账功能和客户资源共享;与俄罗斯多家银行签署了《账户行协议》《最低余额协议》《融资及代理支付协议》《美元同业拆借协议》《人民币同业拆借协议》等多项合作协议。

四 民间合作机制

近年来,黑河市以中俄两国互办"国家年""语言年""旅游年"为契机,举办了一系列有声有色、内容丰富、形式多样的对俄民间交往活动。黑河市对俄民间交往已涵盖科、教、文、卫、体和妇女、青少年、工会、残疾人、老年人等 40 个领域的近 200 余项活动。

(一)文化领域

黑河市对俄文化交流始于 20 世纪 80 年代末,当时黑河市行署文化局组织在俄布市首次展出的 50 幅国画,备受俄方推崇,黑河市全部赠送,俄方回赠 5 台钢琴,国画"换"钢琴,在两岸传为佳话。近年来,黑河市与俄阿州、布市都签署了政府间文化交流合作协定及执行计划,高层交往密切,民间交流频繁,合作内容丰富,形成了中俄文化发展独有的地域特色,黑河市

---

① 课题组根据黑河市金融办提供相关资料整理所得。

对俄文化交流桥头堡的作用初步显现。

1. 文艺交流演出日益活跃

近年来，黑河市与俄阿州和布市都会定期组织双方艺术家参加彼此的主题晚会和节庆活动。2017 年，黑河文化部门与俄布市文化部门共同组建成立了中俄国际乐团。中俄国际乐团相继参加了"大黑河岛经贸洽谈会"开幕式演出、俄阿州庆祝第二次世界大战胜利暨抗日战争胜利 72 周年——"胜利之音"音乐会和俄罗斯哈巴罗夫斯克边疆区首届国际民族音乐节，受到中俄观众的高度赞誉。同时，黑河市积极开拓中俄演艺市场，先后邀请国家京剧院、中国歌剧舞剧院、中国武警文工团、中央民族歌舞团和俄罗斯莫斯科蓝陶瓷舞团、俄罗斯亚历山大红旗歌舞团、俄罗斯哥萨克舞蹈团等国家级艺术团体到黑河市和俄布市进行演出。

2. 文化交流内容日趋多元

在俄布市和俄远东地区，黑河市相继举办了黑河市国画展、中俄冰雪画巡回展、黑河·俄罗斯风情摄影展、"中国民间传统文化艺术——剪纸艺术走进俄罗斯"等；在海口、上海等地组织了俄功勋画家油画展、俄远东地区油画·冰雪画作品展、摄影图片展等展出活动。黑河市与俄哈巴罗夫斯克边疆区、堪察加边疆区的有关城市围绕民族语言、民族歌舞表演、民族手工艺品加工制作等方面，组织了多次民间互访交流活动。采取市场化运作方式，精心打造了"中俄风情歌舞秀""江水霓裳"大型中俄专场文艺演出，得到了中外游客的一致好评，为黑河市探索发展涉外文化产业奠定了基础。

3. 影视合作拍摄初具规模

黑河市建设了闯关东影视基地、知青影视基地、中俄风情园等，协助中央电视台等单位拍摄了电视连续剧《这里的黎明静悄悄》《玫瑰绽放的年代》等。近年来，《俄罗斯邻居》《西伯利亚流亡记》《狂吻俄罗斯》《红月亮》《毛岸英》《大江作证》等一大批中俄合作、质量较高的影视作品相继在黑河市诞生。

4. 中俄文化产业平台初步建成

凭借多年努力和得天独厚的区位优势，以俄罗斯油画、手工艺品、漆器、铜雕、有色金属、矿石为主的文化产业交易平台正在形成。除文化大集这个重要渠道和平台外，黑河市还建成了中俄艺术陈列馆，馆藏俄罗斯油画数百件；成立了中国首家中俄艺术品展览企业——黑河龙江国际文化展览有限公司，并成功举办首届中俄艺术品拍卖会。这些平台的建设为促进中俄两国文化产业的交流与合作奠定了坚实基础。

（二）教育领域

近年来，黑河市深入贯彻落实中共中央办公厅国务院办公厅《关于做好新时期教育对外开放工作的若干意见》精神，抢抓国家首批"边境之窗建设工程"试点城市的良好历史机遇，不断创新中俄教育交流与合作的形式与内容，推动对俄教育开放向更宽领域、更高水平、更深层次发展。

1. 深化中俄校长、教师、学生层面的交流

在校长层面，建立了"中俄校长论坛"机制，举办中俄幼儿园园长、小学、初中、高中校长论坛活动 5 次。2017 年 11月，黑河市教育局在布市举办了以"教育领域的信息技术"为主题的中俄校长论坛，被黑龙江省教育厅列为全省对俄交流重点推进项目。在教师层面，两市互派教师到对方学校教授语言课程、开展中俄教育比较研究。在学生层面，举办了中俄青少年艺术节、国际夏令营、中俄学生美术作品联展、"黑河—雅库学生休养保健夏令营"等交流活动 130 余次，参与学生达 54300余人（次）。① 2017 年黑河市承办的"中俄中小学校园雪地足球友谊赛"是黑龙江省十三项重点冰雪赛事之一，得到中外嘉宾

---

① 数据来自黑河市教育局。

的高度评价。

2. 完善对外流活动管理制度

黑河市 2015 年制定下发了《关于加强黑河市教育机构对外交流活动管理工作的通知》和《关于印发黑河市外国籍儿童入园管理暂行规定的通知》，进一步规范了黑河市教育机构开展对外交流活动和招收外籍儿童的管理。

3. 推动黑河市基础教育俄语人才培养

黑河市充分发挥黑河市一中作为黑龙江省唯一的省级"俄语学科基地"重要作用，设立了文、理科"俄语实验班"，鼓励更多学生爱学、乐学俄语，实现多元化发展。2017 年，黑河市举办了普通高中俄语教育教学研讨会，组织本市及省内其他地市学校领导、俄语教师五十余人，就破解高中俄语教育教学难点、热点问题，推进校际间合作，为国内高校输送具有俄语潜质的高端人才进行研讨。

（三）科技领域

近年来，黑河市以引进、消化吸收和再创新为主线，围绕农业、林业、农机、TRIZ 创新方法等领域，大力开展对俄科技合作。

1. 农业技术合作方面

自 1989 年起，黑河市农业部门先后与俄全俄大豆所、俄新西伯利亚作物育种所、国际玉米中心开展了技术合作，引进俄大豆、玉米、小麦、马铃薯种质资源 300 余份，生物有机肥料 1 种，育成早熟大豆品种 6 个，引进了生物表面活化剂。其中，选育的黑河大豆 19 号品种荣获黑龙江省科技进步二等奖，黑河大豆 40 号荣获黑龙江省科技进步三等奖，自主研发的农作物种衣剂荣获黑龙江省政府科技进步三等奖。2012 年落址于逊克县的中俄农业科技合作园建设完成，园区相继与俄全俄大豆研究所、远东农业大学等俄大学和科研单位开展了合作，建设了中俄农业科技工作站，聘请俄农业专家 5 名，引入俄品种 33 个、种植技术 4 项，筛选出适合当地种植的阿穆尔大豆等优良品种 6 个、快生型固氮菌等农化技术两项，与俄阿穆尔农业联合体有限公司合作在俄建立了 1000 公顷大豆良种繁育基地。[①] 黑河市政府多次举办中俄现代农业科技合作论坛，就农业生态文明、农业科技园区国际合作、快繁技术生产、农业害虫及绿色防控等方面的战略和科技问题进行研讨和交流，为发展中俄合作为基础的高纬寒地现代农业提供了有力的理论支撑。黑河市爱华农机公司引进俄联合整地机技术，结合黑河市区域自然条件，相继开发出了两大系列、七个机型，其中，鹅掌式系列机型获得国家专利，填补了行业空白。

2. 林业技术合作方面

黑河市政府 2004 年建设了中俄林业科技合作园区，每年定期举办"中国黑龙江省·黑河中俄林业生态建设学术论坛"。中俄林业科技合作园区先后与俄利萨文科浆果研究所、米秋林浆果试验站等 10 余所科研机构合作，并建立了中俄林业院校教学实习基地，由俄引进繁育适于北方高寒地区生长的蓝靛果、穗醋栗、黑果花楸以及花楸、腺叶稠李等小浆果及绿化树种 58 个，繁育优良种苗 1000 余万株，其中俄罗斯花楸、蓝靛果忍冬、黑穗醋栗 3 个树种 6 个品种通过黑龙江省林木良种品种审定，[②] 获得自主知识产权。中俄林业科技合作园区还被确认为国家级引进国外智力成果示范推广基地，承担了国家公益性科研专项《蓝靛果忍冬引种选育及栽培技术研究》、国家林业局 948 项目《俄罗斯杨树良种区域化试验》、中央财政林业科技推广资金项目《俄罗斯杨树良种繁育和示范推广》等国家及省级 10 个科研及推广项目，其中《俄罗斯蓝靛果忍冬引种繁育》技术成

---

① 课题组根据黑河市农委、中俄农业科技合作园管委会提供资料整理所得。

② 课题组根据黑河市林业局提供资料整理所得。

果获得第五届梁希林业科学技术三等奖,是中国林业行业最高科技奖项。黑龙江省长乐山有限公司从俄引进优质大果沙棘良种,研制培育具有自主知识产权的"孙吴一号",实现了规模化种植,并在此基础上开发出了沙棘油、沙棘黄酮等产品。

TRIZ[①]创新方法方面。2007年,黑河市在全国率先从俄引进了TRIZ理论并进行了联合培训,相继创建了全国和黑龙江省TRIZ理论工作的多个第一:创建了黑龙江省唯一省级TRIZ培训基地;成立了黑龙江省第一个TRIZ研究所;组建了黑龙江省第一个TRIZ协会;开发出了黑龙江省第一个TRIZ应用软件;编制了全国第一部工程机械类TRIZ培训教材和第一本针对小学生的TRIZ课外书籍等。黑河市被列为黑龙江省技术创新方法(TRIZ)工作试点市、省级TRIZ基地;相继开设了"全国创新方法高级师资培训班""TRIZ实践者培训班"等3个梯次的8期中俄联合培训,累计培训TRIZ骨干350名,有119名学员获得俄罗斯TRIZ培训证书;完成了TRIZ基础理论与培训教程本土化开发工作,相继编译、编著了《发明问题解决理论(TRIZ)培训教材之三》《TRIZ实践教材》《TRIZ——发明问题解决理论一级教材》《创新40法通俗读物》《TRIZ基础理论干部读本》等20余部书籍,并针对TRIZ培训与教学,开发出标准版TRIZ教学应用软件。

(四)体育领域

早在1957年,黑河市与阿州之间就开始了体育交往。1958—1990年,双方举行了中苏冰上速滑运动友谊赛、女子篮球友谊赛、体育柔道等一系列比赛。中俄游泳健儿横渡界江黑龙江活动,被国家体育总局确定为每年"7·16"全国游泳健身

① "TRIZ"是俄文按字母转换成英文的,俄文 теории решения изобрет-ательских задач,意为"发明问题解决理论",俄语缩写"ТРИЗ",英文缩写 TRIZ。

周（黑河站）活动。2009 年 9 月，双方共同在俄布市举办了首次中俄残疾儿童特殊奥林匹克运动会。2012 年，中国·五大连池环湖公路自行车赛中，有来自美国、英国、澳大利亚、伊朗、俄罗斯等国家和香港、澳门、台湾、北京、上海、天津、内蒙古等地区的 42 支车队 280 名选手参赛，这是黑龙江省举办的参赛国家和地区以及外籍运动员最多的体育赛事，也是一项起点高、环点多、影响大的国际自行车赛事。2014 年，双方互派代表团参加了对方运动会，并举办了中俄篮球、乒乓球友谊赛。2015 年 2 月，黑河市承办了首届中俄冰雪越野拉力赛暨第二届两极汽车挑战赛（黑河至呼玛）赛段的比赛及中俄橡皮艇极限挑战赛；协助中央电视台体育频道《体育人间》栏目组在中俄两地承办了"中国耐寒王"挑战赛，冬泳名人王刚义、崔德益、金松浩、布雷林萨莎和黑河市的冬泳爱好者参加了挑战活动。2016 年，"中国体育彩票"中俄国际新年登高健身大会、"体彩杯"俄美篮球争霸赛、黑河市中俄青少年跆拳道夏令营、中俄青少年跆拳道邀请赛、中俄城市足球争霸赛等多项赛事成功举办。2017 年，黑河市举办了首届中俄界江国际冰球友谊赛、第三届"冰雪体育之冬"中俄界江—黑龙江"零点跨越"活动、第二届中俄友好城市国际象棋少年友谊赛、纪念反法西斯胜利国际足球赛、阿穆尔州城市跑步冠军赛等。多年来，黑河市与俄阿州秉承友谊、交流、合作、发展理念，交流已经成为机制化、常态化。

　　以上一系列机制，是在长期的交往过程中形成的，无论是与俄罗斯还是与其他国家和地区的开放往来，无论是对外开放还是对内开放，黑河市的开放总是与俄罗斯紧密相关，完善的制度机制，必将极大地促进黑河市进一步开放发展。

第二章　黑河市开放发展的成就

独特的区位，决定了黑河市最大优势就是对俄开放。20 世纪 90 年代以来，中央、黑龙江省、黑河市三级政府为了充分发挥黑河市的沿边优势，都做出了巨大努力，黑河市的开放发展取得了瞩目的成绩。

第一节　基础设施互联互通建设日趋完善

布局合理、功能配套、安全高效的现代基础设施体系是拉动区域经济增长的硬件支撑。加快基础设施互联互通有利于整合资源要素、发挥比较优势，对于拉动沿线区域的经济社会快速发展具有十分重要的意义。加快通道建设既是深化供给侧结构性改革的重要任务，更是"一带一路"倡议下推进基础设施互联互通的着力点。新的运输通道建成，不仅能便利商品和服务贸易的流通，还可以催生出新的工业群、新的产业和技术，为实现区域联动发展和共同繁荣注入新活力。

一　通道建设

黑河市与俄布市同为中俄黑龙江沿岸地区重要枢纽城市，近年来在双方共同努力下，重点推进了"一桥一道一港"建设，互联互通基础设施建设不断完善。

（一）黑河—布拉戈维申斯克黑龙江（阿穆尔河）大桥进展顺利

黑河—布拉戈维申斯克黑龙江（阿穆尔河）大桥（以下简称"黑龙江（阿穆尔河）大桥"）项目，于1988年由中俄两国政府共同动议并开始洽谈。1995年两国政府签署《建桥协定》，2015年又签署了《〈建桥协定〉修订议定书》，确定由双方成立合资公司负责大桥的投资、建设和运营管理。项目起点位于黑河市长发屯，终点位于布拉戈维申斯克市卡尼库尔干村。路线全长19.9公里，中方境内长6.5公里，俄方境内长13.4公里，标准为二级公路。大桥全桥长1284米、宽14.5米，主航道跨径147米，桥型为双车道矮塔斜拉桥。项目总投资24.71亿元人民币，其中中方部分投资5.66亿元人民币，俄方部分投资19.05亿元人民币。

经过28年的不懈努力，黑龙江（阿穆尔河）大桥于2016年12月24日开工建设，计划工期三年，2019年10月交工通车，届时将成为首个横跨中俄界江的公路桥。黑龙江大桥建成后，将加速人员、货物、资金、信息的流动，促进两地产业融合，促进两地经贸、文化交流和跨境合作。由此，黑河市的对外开放桥头堡作用将得到更加充分的发挥。

（二）跨江空中索道即将开工建设

黑龙江跨江空中索道是世界上首条跨境空中索道项目。2011年9月28日，俄罗斯阿穆尔州前州长科热米亚科向中方提出了共同建设黑河—布拉戈维申斯克跨黑龙江空中索道项目的建议，建议得到了中方的赞同。双方商定，就此项目各自请示本国有关部门，并开展项目前期工作。双方拟定的索道建设位置位于黑河市大黑河岛现有旅检口岸以东300米处，跨越黑龙江至俄布拉戈维申斯克市的江边充填地段。索道设备拟引进奥地利"多贝玛雅"公司生产的成套设备。拟建索道长约851米，设计运输能力为2000人/小时，单箱载荷80人，可以在摄氏零下45度以内、七级风以内安全运行。跨江索道中俄双方投资

7.99 亿元人民币,① 用于建设索道综合体及附属设施。

截至 2017 年 9 月底,已完成项目选址、土地预审、环境评估、节能评估、安全评估等前置要件办理并得到相关部门的批复;完成项目可行性研究报告编制并报市发改委,市发改委已予以备案立项;完成索道塔架、站房及联检大厅的地质勘探工作,取得了项目设计所需要的地质数据;完成了联检大厅的施工图设计工作;完成施工图纸审查工作,并对各部门出具的意见进行了图纸修订;已完成土地安置补偿金的缴纳工作。索道建成后,双方将以索道为核心,建设五星级酒店、大型免税商场等高层次的休闲、娱乐、购物、旅游度假配套服务设施。

(三) 黑河国际航空港建设取得积极进展

黑河瑷珲机场是中国境内与俄远东城市距离最近的机场。从黑河口岸进入俄罗斯腹地,可以大幅降低旅客和货物流通的综合费用。中国和俄罗斯旅游客源充足,每年经黑河口岸出入境中俄游客一百多万人次。近年来,国家支持边境城市提升航空口岸能力,国务院《关于支持沿边重点地区开发开放若干政策措施的意见》明确提出"支持开通'一带一路'沿线国际旅游城市间航线""支持开通和增加国内主要城市和沿边旅游目的地城市间的直飞航线班机或旅游包机"的发展意见,为黑河市开通国际航空港提供了政策支持。为此,黑河市拟依托黑河瑷珲机场,辟建黑河国际航空港,进一步发挥黑河市在"一带一路"中蒙俄经济走廊中的重要节点城市作用。黑河市已就相关议题与黑龙江省口岸办、国家口岸办、国家民航总局、黑龙江省军区、东北民航局、北部战区、国家联合参谋部进行了沟通和汇报,并得到国家口岸办口头答复:同意临时开放黑河国际

----

① 黑龙江(阿穆尔河)大桥、黑龙江跨江空中索道数据均由黑河市交通运输局提供。

航空港，支持黑河市开通赴俄临时旅游包机，并在黑河市相关工作准备完成后进行黑河瑷珲机场临时对外开放的批复。军方也表示给予支持和帮助。黑河市与俄方伊尔库茨克市的伊尔航空公司进行了洽谈，签订了意向性合作协议，拟由该公司进行黑河—伊尔库茨克市的临时旅游包机业务。硬件设施建设方面，黑河瑷珲机场国际查验通道及相关设施一期改造工程已经完成。

二　口岸建设

在经济发展新常态下，推进黑河市对俄贸易通道的优化，对于加强黑河市对俄贸易、促进经济发展均十分重要。优化对俄贸易通道，口岸建设则是重要突破口。近年来，黑河市委、市政府高度重视口岸建设，集中有限的资金不断加大投入，强化基础设施建设，积极营造高效快捷、便捷有序的口岸环境，取得了良好成效。

（一）黑河口岸功能逐步完善

经过多年发展，现黑河口岸货运码头岸长 1223 延长米，有综合运输码头 1 处，明水期汽车轮渡运输码头 1 处，千吨级泊位 12 个，推（拖）轮 7 艘，驳船 11 艘，可从事内外贸货物运输。港口陆域面积 8 万平方米，联合报关大厅 1800 平方米，货物年吞吐能力 150 万吨。客运码头岸长 198 延长米，有客运专用码头一处，客船 3 艘。港口陆域面积 8 千平方米，旅检设有出境大厅和入境大厅各一座，分别为 8489 平方米和 4800 平方米，内设 16 条人工查验通道和 3 条自助查验通道，旅客年吞吐能力 300 万人次。

黑河口岸运输方式独特，夏季为水上客货船舶和轮渡汽车运输，流冰期为气垫船旅客运输，冰封期为客货浮箱固冰通道汽车运输。口岸货检和旅检均已实行每周 7 天工作制，常规工作时间为 7：30—18：00，并实行"无午休""无假日"工作制度。自 1987 年恢复开通以来，累计实现运输出入境旅客 1895

万人次、进出口货物 793 万吨。客运总量在黑龙江省 25 个口岸中位居首位，从 2006 年到 2012 年有 6 年出入境人员超百万，是中俄边境线上过客能力最强的口岸之一。2014—2016 年，黑河口岸客运量在黑龙江省各口岸中排位分别为第 1、第 3 和第 3 位。货运量分别排在第 6、第 5 和第 4 位。2016 年，黑河口岸进出口货物完成 32 万吨，同比增长 6%。出入境人员完成 72 万人次，同比增长 2.1%。黑河口岸实现了恢复性双增长。

近年来，国家密集出台促进沿边地区开发开放和支持外贸发展的相关政策，为加快沿边口岸建设提供了发展依据和政策保障。"十三五"期间，黑河口岸将以"建设上规模、有特色、现代化的综合性国际口岸"为目标，深入推进"三互"大通关建设，促进口岸通行安全与便利，深化电子口岸建设，实现智慧口岸，加强口岸国际合作，建成地下、陆上、水上、空中的全方位、立体化口岸体系，把黑河口岸打造成以客、货、气为主的综合性国际口岸和面向俄罗斯及东北亚开放合作的重要平台。重点新建两个口岸：一是黑河（中国）—布拉戈维申斯克（俄罗斯）黑龙江大桥口岸。项目占地面积 28.4 万平方米，建筑占地面积 3.1 万平方米，总建筑面积 5.26 万平方米，投资估算 3.98 亿元。口岸设计年过客能力为 350 万人次，年过货能力为 620 万吨。二是黑河（中国）—布拉戈维申斯克（俄罗斯）黑龙江跨江空中索道口岸。中俄两国已同意在两国边境设立跨江空中索道（步行）口岸，该口岸与跨境索道同步设计、建设并完工，设计年通关能力为 600 万人次。①

（二）逊克口岸功能稳步提升

逊克口岸自 1989 年 12 月 17 日被批准为国家一类口岸后，不断加强基础设施建设。1990—1992 年相继建成旅客联检大厅 1650 平方米，边检营房 1500 平方米，口岸综合办公楼 2200 平

---

① 数据来自黑河市口岸办。

方米，建筑立壁式码头 60 延长米。2007 年建设了 2500 平方米边检办公楼，2011 年建设了 4300 平方米的出入境旅检大厅和货检大厅及办公楼。2014 年建成了客运码头、货运立壁式码头和滚装式码头。现出入境旅客能力可以实现出入境 100 万人次，年吞吐货物能力 50 万吨。[①]

逊克口岸自开关以来，进出口货物累计 50 万吨，出入境旅客达到 40 万人，实现进出口岸贸易额 5 亿美元。下一步，黑河市拟投资 9200 万元，建设口岸码头二期工程，规划边疆村备用港区，以满足发展需要。

三　俄电输送

俄罗斯远东地区电力富余。1988 年，黑龙江省电力工业局同阿穆尔州电力工业局签署了供电意向协议，明确用以货易货方式向中国供电，期限 20 年。该合作协议因苏联解体一度中断。1992 年合作重启，黑龙江省电力对外贸易公司（黑龙江华源电力开发公司）与俄阿穆尔州电力工业局签订供电合同，继续以易货方式引进俄电，购电价格 0.058 瑞士法郎/度，相当于人民币 0.17 元左右，中方以茶叶、白糖等日用品进行结算。1992 年 10 月，黑龙江省电力工业局建成 110 千伏输变电线路，正式进口俄电。1995 年结算方式变为易货和现汇各占 50%，2000 年购电全部以现汇结算。

2002 年，黑河市政府谋划依托俄罗斯廉价电力建设新兴基础材料加工区，授权黑河边境经济合作区黑河星河实业发展公司作为实施主体与俄罗斯方面进行洽谈。2002 年 7 月，原国家经贸委、国家计委、外经贸部、国家电力公司和外交部、公安部、安全部、海关总署、总参会商同意后，九部委正式批准实施黑河市对俄购电项目。2002 年 12 月，黑龙江省经委请示省政

---

① 数据来自逊克县口岸办。

府同意后，批准黑河市建设跨江输变电线路，用引进的俄电为俄电专属供电区企业供电。黑河星河电力公司作为对俄购电和向俄电加工区售电经营主体，租用黑龙江省电力公司110千伏输变电线路，负责俄电加工区供电和结算，国家电网负责黑河市市区供电。2004年4月1日，新兴材料加工区引进俄电。

为进一步扩大对俄购电贸易规模，黑河市政府与黑龙江省电力公司开展积极合作。2007年8月，黑龙江省电力公司致函黑河市政府，对与黑河市政府合作后主动承担的责任和义务作出具体承诺。2007年12月10日，在黑龙江省政府主持下，省电力公司与黑河市政府签署了《布星线及相关输变电资产有偿转让协议书》，黑河市政府同意由省电力公司收购原黑河星河公司所属的布星线及相关变电所等电力设施。黑龙江省省电力公司承诺，从2008年起至2017年对园区的销售电价控制在0.26元/度—0.36元/度（含基本电费），在此期间每年上调电价0.01元/度，10年内平均不超过0.31元/度，承诺根据园区招商项目和投资企业用电需求，保证为企业提供充足电量和安全可行的供电条件；以俄方电力作为俄电加工区用户的主要供电电源，在俄电力供应不足、停止供电情况下，由国网电力进行补充或实施供电，并按该协议约定价格执行。2008年5月21日，黑龙江省物价局下发〔2008〕135号文件，正式批准有关电价事宜。

黑河市进口俄电有3条国际输变电线路，年输送能力73亿度。第一条是110千伏输变电线路。该线路由黑龙江省电力公司（前身为黑龙江省电力工业局）1992年投资建成，输变电能力9.6万千瓦，年输电能力5亿度。第二条是220千伏输变电线路。该线路由黑河星河电力公司2006年11月投资建成，输变电能力36万千瓦，年输电能力25亿度。该线路2007年移交国网公司。第三条是500千伏超高压直流背靠背对俄购电输变电工程。该工程由国家电网公司投资建设。2007年7月开工建设，曾因俄方原因停建，2011 年 5 月复工续建，2011 年 12 月建成。线路输变电能力 75 万千瓦，年输电能力 43 亿度。2004 年以前该线路输变电全部供给黑河市城区，2004 年以来主要供给俄电加工园区。2004—2016 年，黑河市进口俄电平稳增长，累计进口俄电 208.617 亿度。①

在黑龙江省关于进一步解决 2018 年以后黑河市俄电使用的相关事宜的调研和黑龙江省发改委、工信委、物价局及电力公司等多部门的指导和合作下，黑河市就进口俄电电价初步达成协议，2018 年以后俄电用电价格按照俄电进口落地价格加上 50% 的过网费确定，并保持此价格长期执行。

四　现代化交通格局建设

除了对俄直接互联互通基础设施和口岸基础设施外，黑河市铁路、公路、水运、航空等联通域内外的交通基础设施也日益完善，立体化交通网络初具规模。

（一）铁路

北黑铁路始建于 1933 年，1935 年全线建成通车。1945 年 8 月，日本投降后，苏联红军对北黑铁路实行军事管制。1946 年 4 月，苏联红军撤离中国时将北黑铁路拆除，把大量的铁路专用器材运回本国。新中国成立后，为了恢复和发展黑河地区经济，黑河市于 1951 年在日伪修建的北黑铁路的路基上复建了黑河市至西岗子煤矿全长 57 公里的窄轨铁路，承担西岗子、宋集屯、东方红 3 个煤矿运煤任务，主要是满足黑河市市区工业生产和人民生活的用煤需求。1962 年，为了开发沾河流域的森林资源，国家又修复了北黑铁路北安至龙镇段的 62.6 公里铁路。

随着中国改革开放步伐的加快，国家鼓励发展地方铁路，

---

① 根据黑河边境经济合作区提供相关资料整理所得。

在原黑河地委、黑河行署的努力下，在国家和黑龙江省有关部门的大力支持下，龙镇至黑河段240公里铁路得以全线修复：黑河地方铁路的复建项目经黑龙江省计委批复，于1986年列入国家年度基本建设计划，当年7月15日开始动工修建，1989年9月19日全线接轨贯通。

　　1989年12月14日，黑河铁路全线开通货运业务，正式投入运营。1990年10月1日，开行龙镇至黑河混合旅客列车，结束了黑河不通旅客列车的历史。1991年9月1日，开行黑河至北安直通旅客列车。1992年5月15日，开行哈尔滨至黑河"黑河"号旅游特快列车。1994年8月26日，黑河铁路开行的北安至黑河的旅客列车与哈尔滨铁路分局开行的哈尔滨至北安的旅客列车相互延伸对开，开创了地方铁路旅客列车进入国铁的先例。1997年10月22日，黑河铁路与齐齐哈尔铁路分局实现旅客列车对开。2008年11月21日，与哈铁局实现空调旅客列车对开，旅客列车等级实现了大幅提升。2017年4月1日，哈尔滨铁路局开通了黑河—大连的车次。同年，7月1日，将日间开行的黑河至哈尔滨旅客列车变更为夜间开行的旅客列车。黑河铁路现已开通全国货物直通运输业务，管内共开行黑河—哈尔滨3对、黑河—齐齐哈尔1对及黑河—大连1对，5对旅客列车。截至2016年12月，已累计运送国内外旅客2963万人次，实现客运周转量547400万人公里，运送货物3079万吨，实现货运周转量460803万吨公里，实现运输收入175590万元，上缴各项税金7278万元，为边贸及地方企业减免运费3000多万元，创造了较好的经济效益和社会效益。①

---

　　①　根据黑河铁路（集团）有限责任公司提供相关资料整理所得。

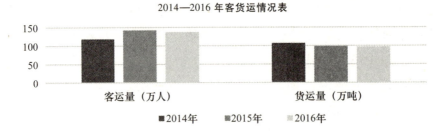

图 2 - 1　黑河铁路 2014—2016 年客货运情况

（二）公路

黑河市公路总里程 1.6 万公里，等级公路占总里程的 81.89%，全口径公路网密度 24.3 公里/百平方公里。65 个乡镇全部实现通畅，行政村通畅率达到 97.6%。域内有吉黑高速、京加高速、前嫩高速、绥北高速、北富高速共 5 条高速公路，还有 S301、S310、S311、S209 等多条省级公路。

1. 吉黑高速公路北安至黑河段

北安至黑河高速公路是珲春至乌兰浩特国家高速公路吉林至黑河联络线的最北段，是国家高速公路网和黑龙江省高速公路网的重要组成部分，是黑龙江省开展陆海联运和对俄贸易运输主要通道的关键路段，同时也是黑龙江省北部边境地区通往省域腹地最重要的快速运输通道。起点位于北安市区西北侧建华枢纽互通，终点位于黑河市（国道 202 线与黑龙江大桥引道交叉处）。主线路线全长 244 公里，采用高速公路标准建设。设计速度 80 千米/时，路基宽度 24.5 米，行车道宽度 4×3.75 米。项目批复概算 42.64 亿元，2009 年 5 月开工建设，2011 年 9 月全部工程投入使用。2016 年全年车流量达 580 余万次。①

2. 绥化至北安高速公路

绥北高速是省级高速公路，是黑龙江省腹地南北向的交通中轴。起点位于海伦市与北安交界的通肯河大桥北桥头，终点

---

①　数据来自黑河市交通运输局。

至北安市二井子镇建华互通区。进入北安市城区，在终点建华互通接前嫩公路伊春至风景区段高速公路、吉黑高速北安至黑河段、齐齐哈尔至北安高速公路，构成区域路网骨架。该项目多采用旧路加宽方式，四车道高速公路标准，路基宽24.5米，设计时速80公里。

3. 前锋农场至嫩江公路

伊春前锋农场至嫩江公路是黑龙江省重要的东西走向公路大通道。经伊春进入北安市境内，东段打通断头路，进入北安与绥北高速、吉黑高速北黑段、北富高速在二井子镇建华互通相交，西段连接五大连池市至风景区，与嫩黑公路、北京至加格达奇公路相连接，终点至嫩江县嫩江跨省大桥，是黑河市南部横贯东西的大动脉。该段公路全长274公里。通车以来，对完善东北区域和黑龙江省公路主骨架网，加强黑龙江省与内蒙古的经济技术交流，促进黑河市南部路网形成，加快风景区旅游资源开发，改善粮食主产区公路运输条件，发挥了巨大作用。

4. 北京至加格达奇公路讷河至嫩江段高速公路

国道北京至加格达奇公路齐齐哈尔至嫩江段，是黑龙江省西部地区第一层次高速公路网络中的骨架公路，从南向北纵贯齐齐哈尔市和黑河市，隔嫩江与京加公路西线平行。该路线经嫩江县城北跨嫩江至内蒙古大杨树镇与西线相交，是黑河与齐齐哈尔连接的重要干线公路，也是黑河市西部开发的经济大通道。起点位于讷河与嫩江交界，终点位于嫩江县城东出口，与鹤嫩公路和嫩呼公路交汇。采用双向四车道高速公路标准，嫩江境内全部选择新线，原路线改造成三级辅道。

5. 北富高速公路

北富高速途径北安、克东、克山、依安和富裕，连接伊北、嫩泰、吉黑、绥北、漠北5条高速公路和黑大一级公路，主线全长162公里，采用双向四车道高速公路建设标准。随着北富高速运营通车，将打通齐齐哈尔地区到对俄口岸黑河市的快速公路运输通道，进一步畅通物流、信息流，对实施脱贫攻坚，发展绿色旅游经济，加快经济社会发展均会起到极大的推动作用。

（三）空运

黑河市是中国开展航空运输活动较早的地区之一。早在1933年就有通往哈尔滨、齐齐哈尔、漠河等地的定期航班。1958年有了民航机场，并开通了黑河至哈尔滨的定期航班。1969年，由于中苏关系的原因，黑河航站撤销，机场关闭。1983年为了适应改革开放的需要，国家决定重建黑河瑷珲机场，1984年10月重新组建了黑河航站。现在，黑河市区域内建成黑河瑷珲机场和五大连池德都机场两个民用机场，正在升级改造嫩江莫尔根通用机场。

1. 黑河瑷珲机场

1985年11月黑河瑷珲机场正式投入使用。1987年黑河市对黑河瑷珲机场进行了二期改造，建设了1500米长、30米宽的水泥跑道。1990—1993年是旅客运输量最多的时期，占到通航15年来客运总量的70%。黑河至哈尔滨的航班由原来的每周2班迅速增长到每周21班至42班，日高峰达到9班。这期间，相继开通了黑河至齐齐哈尔、沈阳、大连、长春的航班。1994年开始，因边境贸易降温、地方经济滑坡、机场跑道短只能起降小型客机等问题，黑河瑷珲机场的使用时有中断。2000年黑河市再次对机场改扩建，2003年10月扩建工程全部竣工。新建候机楼面积5800平方米；新建混凝土跑道长2500米，宽45米，飞行区等级为4C级，停机坪面积为15600平方米，可同时停放两架C类飞机；配套建设了通讯导航、助航灯光、供油、供电等工程。机场具备了24小时航班不间断飞行的保障能力，目前保障A320和新洲60机型，可满足最高峰每小时207人和年吞吐量11.32万人次的需求。

2003年10月机场复航，先后开通了黑河至哈尔滨、沈阳、长春、大连、北京、济南、秦皇岛、上海、三亚等航线。2008年3月，开通了黑河—哈尔滨—北京航线，由南航集团黑龙江分公司运营，每日1班，为政府包机。2009年7月，成功开通了上海航线，由于票价优惠，拓宽了航空市场，使黑河瑷珲机场旅客吞吐量得到明显增长，进出港旅客日高峰曾达到628人次。2011年7月，黑河瑷珲机场又引进四川航空公司，每周二、四、六增加开通了黑河至哈尔滨航线，后期因亏损原因停航。在黑龙江省机场集团和省发改委的共同努力下，2011年黑河瑷珲机场同奥凯航空达成了运营协议，于9月26日开通了哈尔滨—黑河—漠河航线，每日1班，解决了边远山区城市间的交通困难，为广大游客提供了运输便利。2012年5月30日，在黑河市政府的努力下，恢复了上海航线，虽然当年8月末因客源不足停航，但考虑到这条航线的重要性，黑河市政府始终没有放弃航线的争取工作。通过不懈的努力，2014年与东航达成合作，于当年7月10日恢复了上海航线运营。目前，黑河瑷珲机场出港共有三条国内航线，分别为黑河—哈尔滨—北京、黑河—哈尔滨—上海和黑河—漠河航线，分别由南航、东航和幸福航空投入运营，均每日1班。近几年，黑河瑷珲机场运输生产稳步增长，2016年共完成航班起降2684架次，同比增长4.5%；完成旅客吞吐量140752人次，同比增长11%。①

2. 五大连池德都机场

五大连池民用机场项目于2016年3月份开工，本期工程按满足2020年旅客吞吐量30万人次、货邮吞吐量1500吨的目标设计，飞行区等级为4C。主要建设内容包括：新建一条长2500米、宽45米跑道和一条垂直联络道；新建一座3000平方米航站楼、4个机位的站坪、1座塔台和2590平方米航管综合楼；新建通信、导航、气象、供油、消防救援等配套设施。当年年

---

① 数据来自黑河机场分公司。

末主体工程完工，并于 2017 年 4 月 4 日顺利通过中国民用航空飞行校验中心组织的机场校验飞行；4 月 6 日南航黑龙江分公司机组人员在珠海翔翼模拟机训练中心完成了机场 PBN 飞行程序模拟机试飞工作；9 月 28 日民航东北地区管理局出具《关于新建黑龙江省五大连池民用机场工程民航行业验收意见函》同意通过行业验收；10 月 20 日民航东北地区管理局下发了民用机场使用许可证；11 月 22 日机场实现首航。①

机场通航后，将极大地提升区域旅游配套服务水平，有效吸引中远距离的客源，直接拉动区域旅游经济快速增长，推动五大连池市、北安市、嫩江县等地的经济社会发展，综合效果预计会非常显著。

3. 墨尔根通用机场

墨尔根通用机场位于黑河市嫩江县城东北 11 公里处，占地面积约 70 公顷。1981 年正式建站，1997 年率先在全国十九个航空护林站中接管了民航护林基地航行地面保障任务，是全国最早开展航空化学灭火和地空通讯的航站之一。2015 年，民航东北局为嫩江航空护林站颁发了民用机场使用许可证，机场正式命名为嫩江墨尔根通用机场。现为 2B 三类通用机场，现有机场主跑道长 1400 米，副跑道长 600 米。机场航线导航台、地空话台、指挥塔台、油库、电源车、加油车、运油车等设备齐全，停机坪可停放小型飞机 10 架。项目总投资 3042.59 万元，升级改造后为一类通用机场，飞行区等级为 2B，主要包括新建综合服务楼 710 平方米，停机坪、联络道、空侧服务车道、停车场 12540 平方米，NDB 导航台一座，维修现有 1400 米跑道，满足了运—12 等机型的运行要求。②

升级改造后，墨尔根通用机场将充分发挥通用航空短途运

---

① 数据来自五大连池机场办。
② 数据来自嫩江县委办。

输、航空护林、航化作业、飞行培训、空中游览、应急救援、医疗救护等综合服务功能。墨尔根通用机场有利于提高黑龙省西北部地区森林防火能力、推进大小兴安岭生态功能保护区和"千亿斤粮食产能工程"建设，保障国家生态和粮食安全；有利于拉近时空距离，打造一小时经济圈，培育新的经济增长点，加快推进产业结构调整和转型升级，为区域发展提供强劲支撑和动力；有利于促进通用航空产业快速发展，加快推进黑龙江省通用机场建设，为探索支线机场和通用机场间运营通用航空短途运输模式起到重要作用。墨尔根通用机场将为实现国家提出的通用机场"县县通"目标起到探索模式、积累经验、引领示范的重要作用。

（四）水运

黑河市水系发达，黑龙江省 4 大河流中，黑龙江流经黑河市境内长约 355 公里，嫩江流经黑河市境内 404 公里，其他 10 公里以上河流 621 条。辖区现有水路运输企业 17 家，船舶保有量 94 艘，其中客船 52 艘总客位 1848 个，货船 42 艘 13740 总载重吨。目前已开通的航线包括黑河市至布市、逊克至波亚两条国际航线，嫩江至莫旗一条省际航线，以及黑河市区、嫩江市区、风景区和山口湖四条旅游航线。

黑河港下辖黑河港区、逊克港区、孙吴港区，共有 7 家港口经营者，其中包括 3 家港口经营企业和 4 家个体砂场经营者。水路货物运输主要以国际货物运输为主，产品种类有蔬菜、水果、粮食、机械等。国内运输主要是砂场采砂运输，运输方式以散装货物运输为主。旅客运输分为国际旅客运输、风景区旅客运输、黑河市区界江观光旅客运输、嫩江市区、山口湖湖区旅客运输五大板块。

第二节　贸易投资便利程度逐步提高

黑河市抢抓国家振兴沿边战略机遇，在"出口抓加工、进口抓落地、产业抓延伸"方面做足文章,以境内外园区为平台,延伸跨境产业链条,促进贸易投资更加高效便利。

一 境内园区建设稳步发展

近年来,黑河市加大特色产业园区建设力度,园区基础设施日趋完善,入园企业不断增多,产业集聚功能显著增强。截至2016年年末,黑河市在建产业园区8个,其中省级园区6个,包括黑河进出口加工产业园、北安经济开发区、嫩江工业示范基地、逊克中俄农业科技园区、逊克经济开发区、黑河(孙吴、北安)健康产业园;市县级园区两个,分别为五大连池市矿泉工业园区、五大连池风景区生态矿泉产业基地。黑河市境内园区总规划面积160平方公里,基础设施累计完成投资32亿元,开发面积27.6平方公里,累计入驻项目188个,完成投资210.2亿元。2016年境内园区共实现产值80.1亿元,上缴税金2.1亿元。

(一)黑河进出口加工产业园

黑河进出口加工产业园规划面积60平方公里,由合作区五秀山新兴基础原材料加工区、二公河经济转型示范区以及瑷珲对俄进出口加工基地3个省级园区统一整合形成,于2012年被确定为省重点产业园区。黑河进出口加工产业园围绕"出口抓加工、进口抓落地"理念,重点以发展信息、生物、新材料、化工轻工、国际创新、外贸物流服务为主导产业。截至2016年年末,基础设施累计投资10亿元,建成面积9.1平方公里,入驻各类企业50户,累计完成投资83.9亿元。2016年园区实现产值19.6亿元,上缴税金3亿元。

1. 五秀山俄电加工区

五秀山俄电加工区规划面积1.8平方公里,区内依托俄电资源,重点发展以硅、硼为代表的新材料产业和水泥等建材产业。截至2016年年末,已建成面积1.8平方公里,基础设施累计完成投资 2.3 亿元。2016 年利用俄电 10 亿度，累计 115 亿度。已入驻产业项目 10 个，累计完成投资 22 亿元。

2. 二公河园区

二公河园区规划面积 3.1 平方公里，重点发展机电出口制造、果蔬出口加工、有机化工、科技企业孵化、电子商务等产业。截至 2016 年年末，已建成面积 3.1 平方公里，基础设施累计完成投资 4.1 亿元。已入驻产业项目 23 个，计划总投资 33 亿元，累计完成投资 35.8 亿元。

3. 瑷珲对俄进出口加工基地

瑷珲对俄进出口加工基地规划面积 7.8 平方公里。截至 2016 年年末，已建成面积 4.2 平方公里，园区基础设施累计投资 3.58 亿元。在产业项目建设方面，重点打造以电子信息、生物制药、绿色食品加工业、农副产品加工业、林木产品加工、化工建材等为主导产业的综合性加工基地。入驻产业项目 17 个，计划总投资 93.5 亿元，累计完成投资 26.1 亿元。2016 年实现产值 8844 万元，上缴税金 332 万元。

（二）北安经济开发区

北安经济开发区包括"一区三园"，"一区"即北安经济开发区，"三园"由工业园区（含汽车销售服务园）、黑河（北安）健康产业园（含庆华新能源战略产业园）、农产品物流园 3 个产业园组成，规划面积 37.96 平方公里，重点发展绿色食品、新能源装备制造、商贸物流三大产业。其中，工业园区于 2009 年被省政府批准为"省级工业示范基地"，并享受省级经济开发区有关待遇和政策，2011 年被列为省财源建设示范园区，2015 年，成功晋升为省级经济开发区。截至 2016 年年末，工业园区已建成面积 8.95 平方公里，基础设施累计完成投资 12.6 亿元；入驻产业项目 83 个，累计完成投资 56.4 亿元；2016 年实现产值 35 亿元，上缴税金 5300 万元。黑河（北安）健康产业园规划面积 17.96 平方公里，起步区 6.48 平方公里，是黑龙江省北部重要绿色食品加工专业园区，重点发展绿色食品、循环经济、低碳环保产业，引导园区产业向专业化、集群化方向发展。

（三）嫩江工业示范基地

嫩江工业示范基地规划面积 14 平方公里，一期建设面积 5.96 平方公里，其中起步区面积 3.21 平方公里；二期建设面积 8.04 平方公里。2010 年 12 月经省政府批准享受省级开发区政策。基地主要以农副产品加工以及绿色有机食品加工为主导产业，重点发展农副产品加工、饮料酒加工、中药饮片加工、生猪屠宰、肉制品加工、乳品加工、粮食烘干、物流等。截至 2016 年年末，已建成面积 3.99 平方公里，基础设施累计完成投资 4 亿元。已入驻企业 29 个，累计完成投资 30.7 亿元。2016 年实现产值 19.6 亿元，上缴税金 1.2 亿元。

（四）孙吴工业示范基地〔"黑河（孙吴）健康产业园"〕

孙吴工业示范基地，于 2012 年 4 月经省政府批准成为省级工业示范基地，享受省级开发区政策。该基地着力打造中国寒地黑土健康产业集聚区、中国对俄农副产品加工贸易基地、中国北方特色农林产品交易集散中心，以发展乳品加工产业、功能食品等食品加工产业、小浆果加工产业、北药加工产业、配套产业为重点。该园区规划面积 10 平方公里，起步区 3.3 平方公里，已完成园区总体规划编制工作。截至 2016 年年末，已建成面积 0.81 平方公里，基础设施累计完成投资 1.59 亿元。入驻产业项目 2 个，计划总投资 7.21 亿元，累计完成投资 7 亿元。

（五）逊克中俄农业科技园区

逊克中俄农业科技园区于 2012 年被省科技厅认定为省级农业科技园区，由示范基地、智能管控中心、中外专家科研中心三部分组成，规划面积 1.6 平方公里，重点建设集试验、示范、培训、推广等功能为一体的现代农业示范基地，打造高纬度高寒地区优质粮油果蔬作物品种繁育基地和先进栽培技术农化产品试验示范平台。截至 2016 年年末，已建成面积 1.6 平方公里，基础设施累计完成投资 0.7 亿元。入驻产业项目 4 个，累计完成投资 596 万元。

（六）逊克经济开发区

逊克经济开发区规划面积 2.4 平方公里，前身为逊克边境经济合作区，2005 年经国家发改委审核更名为黑龙江逊克经济开发区，属于省级开发区。重点发展绿色食品加工、玛瑙加工、农业矿业配套产品加工、对俄进出口加工等。截至 2016 年年末，已建成面积 0.13 平方公里，基础设施累计完成投资 1.7 亿元。入驻产业项目 12 个，累计完成投资 9.4 亿元。

（七）五大连池市矿泉工业园区

五大连池市矿泉工业园区规划面积 12.7 平方公里，是 2012 年五大连池市依托现有企业新筹建的园区，由新发园区、永丰园区、龙头园区、双泉园区四个部分组成。2013 年 9 月经省政府批准享受省级开发区政策。园区围绕矿泉系列产品、农林产品加工和清洁能源开发，重点开发矿泉饮品、矿泉食品等高端产品，大力发展农林产品加工产业，着力引进和培育面粉、豆制品、林产品等龙头企业，延长农林产业链，提高产品附加值。截至 2016 年年末，已建成面积 0.035 平方公里，基础设施累计完成投资 0.88 亿元。入驻产业项目 7 个，累计完成投资 17.9 亿元。2016 年实现产值 5.4 亿元，上缴税金 200 万元。

（八）五大连池风景区生态矿泉产业基地

五大连池风景区生态矿泉产业基地规划面积 11 平方公里，以矿泉水产业为龙头，重点发展矿泉啤酒、矿泉保健养生酒、矿泉保健饮品、矿泉豆制品精深加工、矿泉鱼精深加工、矿泉绿色山野菜加工、矿泥护肤品等延伸产业。2015 年 12 月，经省政府批准享受省级开发区政策。截至 2016 年年末，已建成面积 0.0957 平方公里，基础设施累计完成投资 0.5 亿元。入驻产业项目 1 个，累计完成投资 4.7 亿元。

（九）跨境电子商务产业园区

除了工业园区，跨境电子商务产业园区也呈现出快速发展势头。园区在境内重点打造"一区两基地"，包括电商园区核心功能区、智慧城市基地、大学生"双创"基地；在境外，俄罗斯布拉戈维申斯克重点搭建"一中心四海外仓"，包括境外电商孵化中心，CDEK、中机、丰泰和顺兴海外仓。园区已成为市级电子商务示范基地，并且创建省级电子商务示范基地已经通过专家评审和省商务厅现场验收。现已完成投资3亿元，用地面积达到10万平方米，建筑面积达到6.3万平方米，分为A、B两个区域。二期基础设施建设新建7200平方米电商保温仓库和4800平方米电商办公楼，2017年年底建成投入使用。同时，园区还与中国邮政集团黑河市分公司共同推进了电商园区特色地工产品O2O交易中心建设。现已入驻国内外电子商务、跨境物流及综合服务企业100余家，截至2017年11月，园区企业累计交易额突破20亿元。①

二　境外园区建设扎实推进

以黑龙江公路大桥建设为契机，黑河市努力建设跨境产业合作新平台。阿州别列佐夫卡镇境外石化建材加工园区、黑河北丰中俄阿穆尔农业（畜牧）产业园区、阿穆尔州和兴商贸物流园等3个境外园区列入商务部在建园区跟踪系统，并且已列入黑龙江省18个境外重点建设园区范围。境外园区承载能力不断提升。

（一）阿州别列佐夫卡镇境外石化建材加工园区

阿州别列佐夫卡镇境外石化建材加工园区于2014年开始建设，规划面积400万平方米，计划投资11707万美元，一期建设

---

① 境内园区有关数据，课题组根据黑河市大项目办提供相关资料整理。

200 万平方米，2015 年 6 月，园区取得合法建设用地 200 万平方米。截至 2016 年年底，基础设施建设已完成投资 4553 万美元，已完成场地平整及园区消防环路的建设，完成 1.5 万平方米商服工程改造及 1.8 万平方米施工临设改造。为满足入区企业货物运输需求，计划投资 1447 万美元新建专用运输码头及通往园区道路。专用码头和铁路专用线的设计工作已完成。截至 2017 年 4 月，阿穆尔能源有限公司、C－工艺技术有限公司、菲迪克新型建筑材料有限责任公司、联城经贸有限公司等 4 家企业入区，已开工建设 4 家，其中 C－工艺技术有限公司投资建设的别列佐夫卡 60 万吨/年水泥粉磨站项目已投产运营。

（二）黑河北丰中俄阿穆尔农业（畜牧）产业园区

黑河北丰中俄阿穆尔农业（畜牧）产业园区计划总投资 4500 万美元，截至 2017 年 11 月，累计投资 4000 万美元，入园加工企业 6 个。2017 年播种 45 万亩，黄牛现存栏 2500 头，新投入农机设备价值 300 万美元。主园区已完成场区平整 50 万平方米，其中：办公楼 1000 平方米，职工宿舍 800 平方米，厂房 4000 平方米，车库 1500 平方米，场区电路 1500 米，牛舍 5000 平方米，粮食仓储 5 万吨库容，主园区水电路辅助功能建设完成，共完成投资 1.5 亿人民币。加工园区新建投资 460 万美元的日处理 200 吨的浸油厂，正在进行设备安装和调试。

（三）阿穆尔州和兴商贸物流园

阿穆尔州和兴商贸物流园位于布拉戈维申斯克西北工业区，规划面积 4 万平方米，完成面积 3.5 万平方米。园区分为生产加工区、仓储配送区、物流集散区、展示销售区。项目总投资 5000 万美元，截至 2017 年 8 月完成商品展览、交易、物流、仓储、信息平台等软硬件设施建设投资 1500 万美元。入驻企业包括佳木斯佳兴玻璃有限责任公司、山东潍坊拖拉机等 100 户，其中物流企业 1 户。大型物流仓储展示平台占地面积 27000 平方米，拥有龙门吊车两台、60 吨运货车 4 台及装载机、叉车等各类装卸设备 10 余台套。① 园区配备专业的报关报检业务人员和销售团队,可提供从接货、报关、报检、仓储、装卸、发货等一系列完善的销售网络和快捷的通关服务。园区业务目前已延伸至俄罗斯腹地哈巴罗夫斯克、圣彼得堡、伊尔库茨克、克拉斯诺亚尔斯克、车里雅宾斯克等大中城市。园区未来发展方向是针对俄远东地区基础设施建设迅猛发展的需求,广泛招引国内外建材、机械企业和物流企业入驻园区,重点发展轻工、机械装配、建材加工、贸易物流、生产加工等多功能的综合境外服务平台。

三 营商环境显著改善

黑河市紧紧围绕新常态下产业转型发展,营造风清气正、公平正义、开放文明、服务高效的发展环境,黑河市发展活力得到充分释放。

(一)成本比较优势明显

黑河市电力供应充足,工业用电价格在 0.566—0.601 元/千瓦时,比"长三角"和"珠三角"等东部沿海地区用电高峰期电价低 0.3 元左右。用水价格较低,工业用水价格约 4.2 元/吨,比东部沿海地区水价低 0.8 元左右。用地成本较小,执行十级城市地价,其中商业最高地价 516 元/平方米,最低地价 95 元/平方米,工业最高地价 195 元/平方米,同比价格优势明显。劳动力成本明显低于国内发达地区。虽然冬季需要供热,但夏季无须使用空调,集中供热价格仅为每年 45 元/平方米,比企业在南方使用中央空调供热、制冷每年 240 元/平方米和变频节能空调的每年 120 元/平方米,具有较大的成本优势。② 铁路运

---

① 境外园区数据为课题组根据黑河市商务局提供有关资料整理所得。

② 课题组根据黑河电业局、黑河市国土资源管理局提供相关资料整理所得。

价有补助，黑河地方铁路比国铁运价略高，从 2007 年起，市政府设立财政专项，用于补贴地方铁路和国铁运费差。据测算，从黑河口岸进入俄罗斯腹地，比从绥芬河和东宁近 1500 公里。货物从雅库茨克发出，经黑河口岸进入国内比经满洲里口岸近 2051 公里，比经绥芬河口岸近 1786 公里，可以大幅降低货物流通的综合费用。

（二）政策环境优越

黑河市即将出台的《黑河市人民政府促进对外经济合作若干政策》，根据企业对地方经济发展贡献进行奖励模式，从用地政策、财税政策和金融政策方面，对企业和项目提出了 9 条优惠政策（不含 4 条限制性和解释性说明）。其中，对新引进企业、本土企业一视同仁，给予同等待遇，促进本土企业的"二次创业"。特别是第三条"优先保障符合黑河市产业发展导向和《建设用地节约集约利用控制标准》的工业项目用地，用地通过'招、拍、挂'方式公开出让，其土地出让价格按照《全国工业用地出让最低标准》（国土资发〔2006〕307 号）的 70% 挂牌"，第五条"对固定资产投资 8000 万元以上的新引进产业项目（含盘活本地停产二年以上产业项目），自企业对地方经济做出贡献之日起五年内，按照当年对地方经济发展贡献，前三年按照 100%、后两年按照 50%，用于企业技术进步、技术创新、配套服务、贷款贴息等"，第六条"鼓励发展总部经济。新引进总部企业年度对地方经济发展贡献超过 1000 万元的，前三年按 50% 给予扶持"。这些政策的提出对于进一步提升经济合作质量和水平，推动沿边开发开放，承接对口合作产业转移具有重要意义。

黑河市政府新制定的《关于支持民营经济发展的若干意见》，该意见涉及进一步放开民营经济进入领域、培育壮大市场主体、支持民营企业转型升级、帮助民营企业开拓市场、降低民营企业生产经营成本、加大金融和财税支持力度、完善公共服务、优化发展环境等 8 个方面内容，共计 48 项具体措施。特别是第七条"对年度新纳入规模以上统计的工业企业，按隶属关系由同级政府按每户给予一次性奖励 5 万元"，第十二条"支持科技型民营企业设立博士后科研工作站，按隶属关系由同级政府对设站企业给予 50 万元的经费支持"，第三十二条"在国内主板、中小板、创业板以及国外（境外）上市企业，市财政一次性给予奖励 200 万元。对新三板挂牌企业，市财政奖励 100 万元。对区域股权交易市场 E 板挂牌企业，市财政奖励 80 万元；其他挂牌企业，市财政奖励 10 万元"，第三十五条"对年主营业务收入达到 1 亿—2 亿元，新增流动资金贷款 800 万元以上的工业企业，市财政按新增贷款的 5%（贷款利率低于 5%的，按实际发生利率计算），给予最高不超过 50 万元的贴息支持"，第三十九条"对命名为省级的创业载体运营单位、服务平台，除向上争取奖励资金外，由市财政一次性奖励运营单位 20 万元、服务平台 10 万元"。这些优惠奖励政策的提出，进一步吸引了投资商在黑河市投资兴业，促进了民营经济发展壮大。

（三）"放管服"改革持续深化

黑河市持续加大行政审批事项清理力度，能取消的坚决取消，能整合的坚决整合，能下放的坚决下放。先后对市本级行政权力进行了四轮清理，共取消下放行政权力 184 项，省政府要求削减 1/3 的目标提前完成①；落实国家与省政府要求，应当取消的全部取消，应该承接的全部落实；市级非行政许可审批全部清零。推行政府权力清单和责任清单制度，清理规范行政审批中介服务事项。深入推进"两集中、两到位"行政审批制度改革，实现了"应进必进　充分授权""一站式"服务。进一步规范了行政审批行为，实行了并联审批、代办服务和集中收费。强化审批服务监督考核，继续大力推行首问负责、一次

---

① 数据来自黑河市编委办。

性告知、限时办结等制度，对重点企业一律实行领办制、代办制，实行了"绿色通道"制度。进一步加强政务服务体系建设，加快推进实体大厅和网上政务服务中心建设。加快推进网上政务服务中心与其他网络的融合，打造政务服务"一张网"，全面推开网上审批工作，整合实体政务大厅、网上政务平台、移动客户端、自助终端等，实行线上线下一体化运行，为市场主体提供更加便捷优质的服务。落实国家关于加强诚信建设的指导意见，制发了《黑河市建立完善守信联合激励机制和失信联合惩戒机制实施方案》，加强了诚信体系建设。深入开展机关作风整顿活动，持续深入推进问题整改，细化再造工作流程，开展"四零"承诺创建，黑河市干部作风明显好转，形成了勇于担当、奋发图强、干事创业的新风正气。

第三节　特色优势产业基本形成

近年来，黑河市立足资源优势，在优势资源转化、新旧动能转换上发力，突出抓优势粮食资源、绿色食品资源、矿产资源、旅游资源、生态资源、冷资源开发，特色产业区域化发展格局基本形成。

一　农业大市建设

黑河市是国家重要商品粮基地、绿色食品主产区。多年来，黑河市按照供给侧结构改革要求，坚持走高纬寒地特色农业发展之路，争当农业现代化建设排头兵。黑河市大力发展绿色、有机、功能农业，全域创建农业绿色发展示范区，努力把农业发展由增产增效转到提质增效上来，加快推进农业现代化，推动农业全面升级、农村全面进步、农民全面发展。

（一）农业供给侧结构性改革有序推进

黑河市以调优、调绿、调强为基本出发点，坚持"稳大豆、增小麦、调玉米、发展经济及特色作物"总体思路，面向市场调整结构，种植结构实现优化。2017 年整体呈现"六增一减"，水稻 22.6 万亩、小麦 181.1 万亩、大豆 1351.4 万亩、杂粮杂豆 97.6 万亩、薯类 16.3 万亩、经济作物及其他 53.8 万亩，分别比上年增长 9.5%、33.1%、3.3%、6.7%、18.6%、10.2%；玉米 214.2 万亩，比上年减少 34.8%。黑河市南部增加玉米 22.3 万亩，调减大豆 79 万亩；北部沿江区域增加大豆 129 万亩，调减玉米 115 万亩；小麦恢复到 175 万亩，比上年增长 39 万亩；全市范围看，强筋小麦专用品种达到 150 万亩，雨露汉麻种植面积达到 10 万亩，绿色有机蔬菜种植面积达 9.4 万亩。

黑河市坚守"天然基因"，按照一二三产业融合发展的思路，推动大豆产业振兴。黑河市非转基因大豆种植始终保持在 1000 万亩左右。进一步说，黑河市引进中国工程院院士、国家大豆改良中心主任盖钧镒领衔的专家团队在黑河市建立了大豆院士工作站和科研试验站，帮助改良大豆品种，改善大豆品质；召开中国·黑河食用大豆产业发展高峰论坛，为黑河市农业注入了高新科技和高端人才影响力；联合 30 家合作社组成大豆种植联合社，建成了 6 个大豆万亩高产示范方，推广应用大豆绿色增产增效技术模式，国家级食品大豆生产基地达到 190 万亩；开通了中国大豆网，完成了"黑河大豆"地理标识在国家商标局备案注册。

（二）规模农业、市场农业和品牌农业加快发展

黑河市依托新型农业经营主体，提高规模经营和机械化、标准化水平。目前，各类经营主体发展到 6499 个，现代农机合作社发展到 150 个，机械化率 98.8%；土地规模经营面积 1200 万亩，占市属耕地 65%；国家级、省级合作社示范社分别发展到 2 个和 28 个。引导企业采取合作、特许经营等方式，加快寒地黑土、绿色有机、原生态特色等品牌培育，打造了"黑河大豆""北纬 49 度生态农业""矿泉系列""中兴牧业"等高纬寒地品牌。组织 40 余家企业、合作社、种植大户参加北京绿展会等，推介优质农产品，签署销售合同两亿元。发展"互联网 + 农业"，建设"互联网 + 农业"高标准示范基地 87 个、44.6 万亩，其中省样板示范基地 6 个，辐射带动周边建设高标准基地 100 万亩。引导示范基地、企业、合作社、种植大户自建或与网络运营商合建网上销售平台，农产品网销额 5000 万元。

（三）畜牧产业的战略性培育

黑河市制定了畜牧业"三年行动计划（2016—2018 年）"，重点发展"两牛一猪一马"产业，推进粮食就地消化、过腹增值，全力打造高端畜产品供给基地。黑河市孙吴县与北京鑫茂华商公司、海尔集团签订了 3 万头安格斯基础母牛产业基地战略合作协议，采取"公司（合作社）+ 养殖场 + 农户"等方式壮大安格斯肉牛产业，安格斯肉牛养殖合作社发展到 21 个。黑河市引进建设了黑龙江省北部规模最大、养殖水平最高的奶牛养殖企业—中兴牧业，该企业 4 个牧场存栏奶牛达到 2.2 万头，"中兴牧业纯奶粉""极地纯粹纯奶粉"和"申爱"牌巴氏奶上市销售。黑河市还发挥黑河市过去养马传统优势，发展壮大养马产业，得到中国农业大学、中国养马协会的技术支持，筹建了黑河马北安繁育场和孙吴养殖场。2016 年，畜牧业增加值实现 19.6 亿元、增长 12.5%。

（四）一二三产业深度融合

2015 年以来，科迪 60 万吨水稻加工、谷神大豆、恒大大豆精炼油、宏维大豆分离蛋白、农耕系列健康食品等大豆加工项目，北安象屿生化、孙吴宏大玉米蒸汽压片、孙吴开磷玉米饲料等玉米加工项目陆续开工建设，建成后大豆年加工能力可达 240 万吨，玉米年加工能力新增 200 万吨。同时，黑河市正在筹划建立大豆产业园，集中展示大豆文化和大豆食品，既作为一个打造黑河大豆品牌的载体，也作为一个重要旅游景点。省级重点园区孙吴汉麻产业园获批，汉麻院士工作站成立。黑河市

孙吴县与天之草绿色农业科技（北京）有限公司签订了总投资
26.4 亿元合作协议，惠美佳汉麻种植与 CBD 提取、欣硕湿纺纱
线麻纤维加工等项目开工建设。广东温氏生猪、佳汇生猪养殖
屠宰加工、五大连池华滨生猪养殖屠宰、辰鹰乳业扩建等项目
进展顺利，全部建成后肉、乳制品年加工能力可分别增加 20 万
吨和 1.75 万吨。①

二　矿产资源开发

黑河市素有"地质摇篮"和"矿产之乡"的美誉。近年来，
黑河市把做好"三篇大文章"的重点放在产业链构建和延伸上，
以资源换产业，以"五个要发展"为根本路径，金、铜、矿泉
水、硅等工业产品产量居黑龙江省前列，矿产经济保持快速
增长。

（一）矿产资源科学有序开发

黑河市着力摸清矿产资源底数，与黑龙江省地矿局签订战
略合作框架协议，引进中铝力拓公司进行整装勘查。六年投入
5.6 亿元，引入 40 家大企业开展地质找矿，实施勘查项目 139
个，有 35 个项目发现矿体或矿化体。黑河市加强矿产资源保
护，建立了矿业权计划投放机制及科学退出机制，组建了矿产
资源公安稽查大队和支队。成立黑河市盛源矿业有限责任公司
和市级矿权交易储备中心，优先向深加工企业转让采矿权。

（二）资源换产业进程加快

黑河市新建翠宏山铁多金属矿、争光岩金矿、大青山岩金
矿等 12 个矿业项目，多宝山铜矿、三道湾子金矿、兴边煤矿、
北方水泥等 18 户大中型骨干（重点）矿山企业建成投产。其
中，东安岩金矿正式投产；翠宏山铁多金属矿累计完成投资

---

① 课题组根据黑河市农委、黑河市畜牧局、黑河市农机管理局等
部门提供资料整理所得。

18.3 亿元；争光岩金矿试生产；多宝山铜矿二期进入核准，正在研究发展铜冶炼及下游产业和吃配产业，拟建 10 万吨铜冶炼项目，打造"百亿铜产业"；上马厂岩金矿等项目取得采矿证；富宏煤矿、振兴煤矿扩能项目建设加快，与科迪集团等多家大型企业达成深度开发五大连池矿泉水协议。矿业产值由 2009 年的 15.3 亿元增长到 2016 年的 33 亿元，仅多宝山铜矿年增加税收 3 亿元、安置就业 1500 人。黑河市矿业经济步入科学健康有序发展轨道，成为工业经济重要支撑和财政收入的重要来源，矿业税收连续多年占公共财政收入三分之一以上。[①]

（三）矿产资源保护成效显著

为了科学处理资源开发与环境保护的关系，黑河市全面启动生产矿山、关闭矿山和历史遗迹矿山环境治理试点工作。以科学复垦、避免污染为核心的绿色矿山建设成效显著。与此同时，黑河市还开展打击破坏环境资源"百日攻坚"专项整治行动，有效遏制了盗采沙金、河砂等破坏环境资源违法犯罪高发势头。

三　旅游业发展

黑河市是中国优秀旅游城市，拥有丰富的生态文化、历史文化、民俗文化、红色文化、知青文化、异域文化等资源。黑河市深入研究打造黑河旅游升级版，把旅游业作为促转型、调结构、稳增长首位产业，推出特色旅游产品，打造国内外知名旅游胜地推动旅游与其他产业融合发展，提升旅游产业综合效益和带动力。

（一）引进战略投资主体开发全域旅游

黑河市以"大旅游、大规划、大产业"思维谋划旅游业发

① 课题组根据黑河市国土资源管理局、黑河市工信委提供相关资料整理所得。

展，加快推进旅游业从传统景点模式向全域旅游模式转变，全市旅游产业得到快速发展。五大连池市、黑河市相继被确定为国家"全域旅游示范区"创建单位，温泉水世界、爱辉乡野公园、火山温泉水上乐园、山口湖自驾营地等 16 个重点旅游项目开工建设，五大连池风景区成为黑龙江省首家上市 A 级旅游景区，黑河市荣获 2017 年第二届中国文旅产业巅峰大会"最具投资价值全域旅游目的地奖"。为进一步推进旅游产业向专业化高端化发展，黑河市还与中旅集团、中金闽能集团、全联旅游商会、中视群星文化传播有限公司等达成了合作意向，与闽能集团签订了全域旅游综合开发框架协议。

（二）集中打造核心景区景点

为提升五大连池火山矿泉康疗游、黑河边境风情游"两大核心"产品竞争力，黑河市构建了火山康养、边境风情、瑷珲历史、红色遗址、森林生态、农业休闲"六大旅游功能区"，建设了火山温泉四季水上乐园、莫日根国际狩猎场、黑河冰雪乐园、瑷珲乡野公园等项目，申报了"南病北治、北药南用"健康旅居养老示范基地、文化休闲旅居养老示范基地，还推出了《神山圣水亘古情》《火山斯卡拉》《中俄欢乐大舞台之夜尚浓妆》旅游文化新品驻场演出。通过提升旅游服务水准和高效率的基础设施建设，黑河市成为黑龙江省首家大数据智慧管理旅游景区和为游客提供无障碍旅游服务的城市。

（三）拓展中俄旅游市场

近年来，黑河市不断加强与俄阿州旅游部门和企业的联系，与俄方就跨境旅游合作建立了定期协调沟通机制。不仅如此，在国内黑河市也着重加强与旅游发达省份的沟通交流，与广州、珠海等地旅游部门签署了战略合作协议。2017 年以来，黑河市先后在大连、深圳、广州、珠海、哈尔滨举办黑河旅游营销推广活动，在上海开设了黑河旅游体验店，与联盟城市和省旅游委先后赴上海、武汉、成都、南京、北京、沈阳等城市宣传推介,拓宽了华东、华中、西南及东北客源市场。面向国内外游客,黑河市已经成功举办大黑河岛"静静的黑河·神奇的冰雪"中俄冰雕雪雕大奖赛、"首届中俄青少年跨国冬季体验营"、中俄界江冰球友谊赛、"百年新诗·放歌黑河"百人百首新诗大赛暨中国诗歌万里行活动、2017中俄全域旅游推介会、五大连池风景区黑马系列首场火山马拉松赛事、"黑河·我的极致远征"自驾游等一系列活动,切实提升了黑河市冰雪旅游和全域旅游影响力。2017年,黑河市接待旅游者969万人次,旅游收入82.1亿元,分别增长18.9%和20.1%。旅游业已经成为黑河市经济平稳增长的重要支撑。①

四 新经济新业态发展

近年来,黑河市深入研究利用自然生态优势、丰富康养资源和特殊气候条件,探索发展有需求空间和供给优势的新经济新业态,以满足不同群体不断升级的个性化、多样化的消费需求。

(一)健康养老产业蓬勃兴起

黑河市积极推动医疗卫生产业与健康、养老、矿泉水疗等产业融合发展,打造跨国异地康疗养老特色体验基地和全国大健康养老首选目的地,举办了健康黑河发展论坛,开展中俄跨国旅居养老互访体验活动,2017年接待国内外旅居老人达到2.9万人,其中俄罗斯老人达到6000人。通过打造国际化医疗合作平台,黑河市第一人民医院成功加入中俄医科大学联盟,中俄友好医院暨国际康养中心项目前期工作正在加快推进。养老机构积极向医养结合发展,15家养老机构开展了不同形式的"医养结合"服务,惠及2000多名老人。

---

① 数据来自黑河市旅游委。

（二）寒地试车产业日益壮大

黑河市全力推动寒区试车经济与旅游产业、文化产业、现代服务业融合发展，打造亚洲寒区试车城。建成试车场 15 个，22 家试车企业建立专属实验基地。广州汽车集团五大连池山口湖寒区汽车试验场和红河谷象山寒区汽车测试试验场项目建设稳步推进。拟投资 10 亿元、集试车和汽车文化于一体的宋集屯汽车文化产业园开工建设。2016—2017 年试车季来黑河市试车企业 130 户、车辆 2600 台、人数 3500 人，同比分别增长 31.3%、13.1% 和 20.6%，带动直接消费亿元以上。①

（三）文化艺术产业加速发展

黑河市按照以公有制为主体、多种所有制共同发展的原则，大力构建文化产业体系，涌现出了中俄民族风情园文化产业发展有限公司、黑河龙江国际文化展览有限公司、北大荒知青文化产业园区、黑河市双福国际影城、黑河鄂伦春桦树皮文化产业基地等 300 多家文化产业发展主体。黑河市文化部门与俄阿州文化部门共同组建了中俄综合国际艺术团，其中中俄国际乐团亮相中方大黑河岛洽谈会开幕式、俄罗斯阿穆尔州纪念反法西斯战争胜利 72 周年"胜利音乐会"、俄罗斯哈巴罗夫斯克边疆区首届国际民族音乐节，引起极大轰动，受到广泛赞誉。

---

① 数据来自黑河市工信委试车办。

第三章　黑河市开放发展的区位优势

黑河市与俄罗斯远东地区第三大城市、阿穆尔州首府布拉戈维申斯克市是中俄边境线上唯一与俄联邦主体首府相对应的距离最近、规模最大、规格最高、功能最全的边境城市，而且同是各自边境地区的政治、经济、文化中心，同处东北亚经济圈中心地带，在中俄边境线上绝无仅有。黑河市是中国东南沿海发达地区通往俄罗斯远东地区最便捷的通道，是"一带一路"中蒙俄经济走廊的重要节点，在中国深化对俄罗斯全方位战略合作中一直具有非常重要的战略地位。中俄黑龙江公路大桥建成后，黑河市和布拉戈维申斯克市将更紧密联结在一起，形成中俄边境线上独一无二的城市群，也将使黑河市更好地发挥重要通道和节点作用。

第一节　"一带一路"与中蒙俄经济走廊的
重要支点

中国提出的"一带一路"中蒙俄经济走廊建设为中国沿边城市搭建了更加广阔的开放发展平台，为加强国际合作、参与国际分工提供了诸多可能性和选择性。中蒙俄经济走廊建设，是"一带一路"倡议下首条正式开建的多边经济走廊，也是多边开放合作的成功典范。近年来，中、蒙、俄三国依托互为邻国的优势，积极推进三国毗邻地区次区域合作。丝绸之路经济带最终圈定了新疆、重庆、陕西、甘肃、宁夏、青海、内蒙古、黑龙江、吉林、辽宁、广西、云南、西藏13省（直辖市、自治区）。其中，内蒙古、黑龙江、吉林、辽宁的定位是：建设向东北亚开放的重要窗口。纵观东北亚版图，黑河市地处于东北亚经济圈中心地带，并且与中心城市相连，距离工业城市、旅游城市、资源型城市适中，处于沿黑龙江冲积平原开阔地带，优质土地资源富集，气候适宜，生态良好，城市功能完善，是中俄经贸科技合作和东北亚区域合作的战略支撑点。黑河市作为中国最北部的边境城市已经成为"一带一路"中蒙俄经济走廊建设中不可缺少的重要组成部分。

一　互联互通国际合作大通道

近年来，黑河市重点推进了"一桥一道一港一管"建设。这将使黑河市成为"一带一路"与中蒙俄经济走廊上对俄新的国际公路大通道、空中大通道和中国东北油气战略通道，特别是黑龙江公路大桥的建设，开启了黑河市乃至整个黑龙江省深化对俄合作前所未有的广阔前景。同时，超前谋划跨境铁路大桥和国际陆海联运通道，启动黑龙江大桥桥头区开发，以基础设施互通提升经贸、旅游、金融、物流、现代服务等产业互通，进一步加速黑河市由"地理大通道"向"经贸大通道"转型升级。

二　区域产业合作新平台

中蒙俄经济走廊建设离不开产业合作，产业合作离不开支持项目落地的平台。黑河市立足促进中国企业、中国制造"走出去"和战略性能源资源"引进来"，大力推进了境内"两区"、境外"三区"和跨境"两区"建设，着力构建境内、境外、跨境互为补充，境内境外互为联动的产业合作新平台。境内，重点推进了黑河进出口加工产业园区和北安经济开发区建设，入驻企业达到 133 家。位于黑河进出口加工产业园区、占地 30 万平方米的保税物流中心（B 型）启动建设，与 20 多家企业签订了入驻意向协议，建成后将对打造跨境商贸物流集散和生产加工基地产生巨大推动作用。境外，重点推进别列佐夫卡石化建材加工园区、北丰中俄阿穆尔农业产业园区和阿穆尔州工业园区建设，前两个园区已被国家商务部列入在建境外园区企业名单，入驻企业 10 家；阿穆尔州工业园区境外孵化中心建成使用。境内、境外园区建设使得黑河市服务全省全国的中俄跨境产业合作平台更加完善、更加广阔。目前，黑河市正在积极申报建设跨境经济合作区，努力完善跨境园区。

三　内外联动跨境延伸产业链聚集地

黑河市利用比较优势和俄方市场需求，以能源资源、机械制造、跨境电商、健康养老等为重点，加快构建互利合作、互惠共赢的跨境产业链。全面加强对俄能源资源合作，依托油品储运与炼化综合体、中石油阿穆尔天然气综合体等能源项目，构建石油、天然气等精深加工产业链，打造对俄能源战略储备中心及加工利用基地。依托北丰农业科技服务有限公司等在俄土地开发企业，打造回运农产品精深加工产业链，在俄土地开发面积达到 116 万亩，年回运大豆 20 万吨，北丰两万吨回运优质大豆精深加工项目建成投产。① 发展对俄机械装备制造产业，以合作区利源达集团为依托，构建特种车辆出口加工产业链，把黑河市打造成为集工程机械、整车销售、配件生产于一体的装备制造基地，正在筹建汽车出口零配件加工产业园。大力发展"互联网＋"对俄贸易，借助合作区、爱辉区两个电商产业园，构建跨境电子商务产业链，引进国内外电子商务、跨境物流及综合服务企业 100 余家，3 家企业跨境电商交易额位居黑龙

---

①　课题组根据黑河市商务局、海关提供有关资料整理所得。

江省前 5 名，黑河中机电子商务有限责任公司成为黑龙江省两家国家级电商示范企业之一，全国最大的俄罗斯商品 O2O 跨境电子商务平台"俄品多"投入运营，目前正在争取创建国家级电商示范基地，把黑河口岸打造成为集大宗商品交易、保税仓储物流、电子商务等多功能为一体的跨境物流枢纽和俄罗斯进口商品全国集散中心。深度开发黑河边境风情游，以"中俄双子城"旅游联合体为依托，打造跨境旅游产业链，边境旅游人数多年居黑龙江省各边境口岸之首。利用五大连池无可替代的康疗养生优势，以中俄跨国旅居养老、五大连池风景区矿泉康疗养生"两大品牌"为核心，构建跨境旅居养老产业链。此外，还推进了以俄罗斯宝玉石引进加工、中俄艺术品交流交易等新经济新业态。优势互补、内外联动的跨境产业链，使黑河市这座"一带一路"中蒙俄经济走廊重要节点城市形成了最显著的国际化标志。

第二节　中俄能源合作的重要枢纽

俄罗斯远东地区蕴含丰富的自然资源，品种多样、储量巨大，为远东地区及全俄罗斯经济社会发展提供了必要的能源。伴随着更多中国企业走出去参与资源能源开发，逐渐使黑河成为了中俄能源合作的重要枢纽和战略平台，而黑河良好的基础设施也使其成为俄能源入境中国的通道、储备中心和加工利用基地。

一　俄远东地区燃料能源

（一）石油、天然气

俄罗斯远东地区燃料能源丰富，依托这一优势，远东地区积极构建燃料能源体系。远东地区的石油天然气体系是俄罗斯燃料工业发展最迅速的部门，不仅保障了俄罗斯的能源需求，还占据了亚太地区能源市场的较大份额。远东地区的大部分油田都具有综合性特征，即油田中蕴含石油、天然气、凝析油。

俄罗斯远东地区陆上原始生成的石油总量达 18 亿吨，大陆架储量达 82 亿吨，83% 的烃类能源位于水中。远东地区油气田（包括鄂霍茨克海和日本海）主要位于三个地区：北萨哈林地区、马加丹—西堪察加地区和西雅库特地区。①

北萨哈林地区的油气田开采量约占远东地区烃类能源原始总储量的 35%，约占石油天然原始总量的 97%，其中远东地区 87 个能源产区中，72 个（83%）位于北萨哈林地区。大陆架是该地区的主要能源产地，目前已在大陆架开发了 11 个能源基地，其中包含 5 个大型油气田。远东地区全面的石油开采始于萨哈林 1 号和萨哈林 2 号油田开发项目。

马加丹—西堪察加开采区是在西堪察加和北鄂霍茨克油气区的基础上形成。西堪察加水域大部分地区（78%）已获开采许可并自 2005 年起至今已持续在该地区开展石油天然气勘探和地震勘探工作。西堪察加省油气开采权由俄罗斯石油公司获得，该公司与韩国公司共同合作开发。尽管受到了西方的制裁，俄罗斯天然气总公司仍决定自主开发位于马加丹大陆架的 5 处油气田。俄罗斯石油公司和俄罗斯天然气总公司都面临同样的难题，即对水体缺乏研究，也因此导致了楚科奇大陆架开发时的塌陷问题，并致使阿纳德里 1 号、2 号、3 号油气田项目难觅合作伙伴。因而不同于北萨哈林地区，马加丹—西堪察加地区由于西方制裁和缺少投资而仍处于待开发状态，具有前景。

西雅库特地区油气开采量占远东地区全部石油开采量的 38%。仅 2015 年在塔拉堪油气田（талаканское месторождение）就开采了 800 万吨石油。此外还有多处油气田

---

① Волгин А. В., Шильнов А. А. Нефтьной комплекс дальнего востока // Вестник Международной Академии Наук, 2017, С. 49 – 55.

已进入开采阶段，如中波乌托宾油气田（среднеботобинское）、塔阿斯—尤里亚赫油气田（таас-юряхское）、北塔拉堪油气田（северо-талаканское）、阿林油气田（алинское）和东阿林油气田（востоко-алинское）。正是由于越来越多的油气田投入开发，西雅库特地区的油气产量逐年攀升。

近年来，远东地区的烃类原料开采量逐渐增多，能源基地开发和石油开采业迅猛发展。其主要原因是得益于交通基础设施建设，如东西伯利亚—太平洋石油管道、科济米诺的专业石油海运港口、北萨哈林—喀斯特里和北萨哈林—南萨哈林管道。据有关数据显示，2005年远东地区石油开采量约为470万吨，随着油气基础设施的逐年完善，到2015年，石油开采量约为2500万吨，其中，萨哈共和国开采量为940万吨，萨哈林为1550万吨。此外，天然气运输系统"西伯利亚力量"也是远东地区的重要基础设施建设项目。2012年，俄罗斯天然气工业股份公司开始投资开发恰扬丁油气田，修建天然运输管道"雅库特—哈巴罗夫斯克—符拉迪沃斯托克"，并开始在别洛戈尔斯克增置天然气加工设备，雅库特和伊尔库茨克州天然气开采将逐渐一体化，即通过天然气管道将两个地区有效连接。远东地区天然气管道总长将达到4000公里，天然气运输管道"雅库特—哈巴罗夫斯克—符拉迪沃斯托克"长达3200公里，伊尔库茨克州—雅库特管道长达800公里。随着远东地区油气基础设施建设的不断完工并投入使用，远东地区的油气产量将具有广阔的前景。

当前，由于乌克兰危机、叙利亚反恐、油价陡然下跌、西方制裁等政治经济原因，俄罗斯受到巨大冲击，经济萎靡，也暴露了俄罗斯经济的脆弱性及对能源的过度依赖。目前，俄罗斯政府正在极力减少本国经济对初级能源出口和石油美元的依赖，依托远东油气系统转而开发亚太市场。针对石油天然气开采，远东地区积极加强对石油天然气的再加工及化工产品的提炼加工。值得指出的是，黑河与俄罗斯远东的区位优势便利了俄罗斯油气资源进入中国市场，同时也为中国企业走出去，投资远东油气基础设施建设、油气开发搭建了平台。

（二）煤炭

煤炭是俄远东地区主要动力资源，区内有近 100 个已勘探的煤矿，储量近 193 亿吨，其中 40% 是炼焦用煤。这些资源支撑起了俄罗斯世界煤炭出口大国的地位。而中国国内因煤炭过度开采造成资源濒临枯竭、环境恶化、矿难频发，同时随着经济发展对煤炭的需求不断上涨，因而，中国煤炭进出口贸易在 2009 年发生逆转，由煤炭净出口国变为净进口国。综合评估俄罗斯国内煤炭资源的开发情况，不难发现，因远东地区远离俄罗斯政治中心区，即欧洲部分，因而煤炭运输物流成本高，加之远东地区煤炭开发配套基础设施、交通网络都不发达，因此，俄罗斯远东地区与俄罗斯腹地的主要煤炭需求区经济联系减弱，从而使得远东地区的煤炭资源未能得到有效地开发利用。而中国东北与俄罗斯远东地区毗邻，可以通过中俄有关企业互利合作，在边境附近共同开发俄远东煤炭资源，完善互联互通设施，通过东北主要港口输入中国内地，这样既节约运输成本、提高效益，又会同时带动俄罗斯远东地区和中国东北地区经济发展。俄罗斯阿穆尔州、哈巴罗夫斯克边疆区与中国东北具有漫长的边境线，在此布局共同开发煤炭资源使中俄双方可以实现优势互补、互利共赢。

1. 阿穆尔州

煤炭是阿穆尔州主要的矿藏之一，其储量占全州矿产资源经济潜力的44%。阿穆尔州的煤田主要位于地壳凹陷处，即结雅—布列因凹陷地区（Зейско-Буреинская впадина）、阿穆尔—结雅地区（Амурско-Зейская）、上结雅地区（Верхнезейская）。该州煤炭资源包括褐煤和石煤，共有 7 个主要煤田，即自由煤田（Свободное месторождение）、谢尔盖耶夫煤田（Сергеевское）、滕格金煤田（Тыгдинское）、叶尔克维茨煤田（Ерковецкое）、拉伊齐欣煤田（Райчихинское）、阿尔哈罗—博古昌煤田（Архаро-Богучанское）、奥格德仁煤田（Огоджинское）。[1]

2. 滨海边疆区

滨海边疆区也是俄罗斯煤炭资源储量极其丰富的地区，全区境内30%的煤炭资源位于水文地质条件复杂的地区，开采难度极大，而70%的煤炭资源适于露天开采。主要蕴藏褐煤和石煤，其中褐煤矿床主要位于比金地区（Бикинский район）、阿尔杰莫夫地区（Артемовский）、巴甫洛夫地区（Павловский）、施克托夫地区（Шкотовский）等，石煤主要分布在巴尔基赞地区（Партизанский）、拉兹多利涅地区（Раздольненский）等。[2]

黑河市与阿穆尔州布拉戈维申斯克市位于黑龙江两岸，具有共同开发煤炭资源的便利条件。随着东北地区煤矿资源的枯竭，黑河市可以发挥煤炭运输枢纽作用，同时引导当地有关企业积极参与阿穆尔州、滨海边疆区的煤炭资源开发。

二　俄远东地区矿产

俄罗斯远东地区蕴藏着极其丰富的矿石能源，储量居于俄罗斯各联邦区首位。其中锑、硼、锡储量占俄罗斯境内总储量的95%左右，萤石和汞储量占总储量的60%左右，钨占总储量的24%，铁、铅、硫磺石、磷灰石占总储量的10%。

（一）金属矿

俄罗斯远东地区矿藏中居于首要位置的当属金属矿藏，金

① Угольные месторождения Амурской области. //https://studwood.ru/1208302/geografiya/osnovnye_ mestorozhdeniya_ uglya_ amurskoy_ oblasti.

② Архипов Г. И. Минеральные ресурсы Приморского края: состояние и перспективы. //https://cyberleninka.ru/article/n/mineralnye-resursy-primorskogo-kraya-sostoyanie-i-perspektivy.

属矿床总量达 657 个。其中，萨哈共和国分布有铀、铁、锑、银、砂金、钨、锡、锌、铅，滨海边疆区分布有钒、锂、铂、铀、钇、锗。此外，在远东地区还分布有诸多稀有贵金属矿床，如铜矿、铬矿、汞矿、钛矿、镁矿等。

在俄罗斯境内共有 15 个州从事金矿开采，而在远东地区就有 7 个采金省份（即州级地区），将近 45% 的黄金储量位于远东地区。远东地区堪称俄罗斯的"黄金首都"，大型金矿主要位于楚科奇自治区、雅库特、哈巴罗夫斯克边疆区、阿穆尔州和马加丹州。其中，马加丹州是俄罗斯境内土生金和冲积金蕴藏量最大的地区，2017 年上半年黄金开采量达 11.7 吨，矿石开采量较去年同期上涨了 50%。楚科奇自治区的库伯尔（Купол）金矿是远东地区最有前景的矿区，黄金蕴藏量约为 65 吨。但目前，远东地区大型矿床的日益枯竭成为最严峻的问题，这迫使开矿者不得不拓宽勘探领域，而远离现有的基础设施进行开采则进一步造成投资短缺问题。值得注意的是，中国目前在远东矿产开采的投资不多，但有一定的兴趣。例如，中国企业投资了马加丹州的项目，天河公司获得了在古那列夫地区（кунаревский）进行地质勘探和矿产开采的许可。此外，远东发展部也从联邦预算中划拨资金，用于资助远东地区有关开采项目的基础设施建设。

（二）非金属矿

远东地区的非金属矿藏可谓是俄罗斯的宝藏。迄今为止，在远东地区已探明 29 个非金属矿床，矿石资源主要包括磷灰石、金刚石、石榴石、玛瑙、紫水晶、十字石、晶石等，除了这些贵重宝石和半贵重宝石外，远东地区还蕴藏有硫磺、石墨、石棉、蛭石、镁石、石膏、岩盐。在远东地区非金属矿石蕴藏量最丰富的是滨海边疆区和萨哈共和国。

1. 滨海边疆区

滨海边疆区是远东地区建材原料的主要产地，全区各类建材原料产地达 100 处。在斯帕斯克市（Спасск）附近分布有多处大型石灰岩产地，因而该区也是水泥的重要产区。此外，滨海边疆区南部分布有石灰岩、各类黏土、建筑石料、砂石料等建材原料产地，同时该地区建材原料储量大、本质高，便于运输。但由于多进行露天开采，因而对环境造成较大破坏，目前该地区需要更加完善的开采设备和技术。①

2. 萨哈共和国

萨哈共和国的金刚石开采量占全俄总开采量的 90%，其中主要大型产地包括特鲁伯吉（трубки）、乌达奇纳亚（удачная）、米尔（мир）、阿伊哈特（айхад）、尤比列伊纳亚（юбилейная）。目前地质勘探表明，特鲁伯吉金刚石储量巨大，极具开发前景。此外，萨哈共和国南部的阿尔丹地区（Алданский район）盛产云母，尤其是该区的金云母居于全俄开采量首位，而白云母大量分布在外兴安岭支脉。②

目前，俄罗斯远东地区矿产资源开发挑战与机遇并存。俄罗斯远东地区矿石能源储量丰富，开发潜力巨大。但由于基础设施不完善、矿业开发等专业人才缺失，导致远东地区尚有大量矿床未能得到开发。中国企业如若能够积极参与远东基础设施建设，将会为未来的大规模矿产开发奠定基础。而黑河市凭借地缘毗邻优势，将积极发挥矿产资源输入的通道作用，同时帮助有关企业了解俄远东地区矿产资源开发的现实情况及储备潜力，引导企业熟知俄罗斯远东有关政策等，以期实现中俄企业优势互补、共同开发，这样不仅将为俄罗斯的远东开发提供技术、资金、人才支持，也将为中国经济发展解决资源缺口。

---

① Ресурный потенциал Приморского края. //https：//vuzlit. ru/16462/resursnyy_ potentsial_ primorskogo_ kraya.

② Якутии, Минеральные и земельные ресурсы республики Саха. //http：//xn--80aa2bkafhg. xn--p1ai/article. php？ nid = 14188.

三　俄远东地区森林资源

俄罗斯远东地区的森林资源丰富，占俄罗斯境内森林资源总储量的35%。树木种类繁多，其中最普遍的树木为落叶松，而落叶松也是远东地区重要的木材来源，主要分布在雅库特、阿穆尔州、马加丹州、哈巴罗夫斯克边疆区。该地区最珍贵的树种当属长叶雪松，生长面积达300万公顷，几乎覆盖了远东1%的领土。此外，除了木材树种外，远东地区的药材植物种类繁多，包括人参、刺五加、刺龙牙等数以千计的药用植物，还有数百种野菜和各类蘑菇等。

新中国成立之初，由于残酷的战争破坏了中国社会经济发展的进程，国家百业待兴，黑龙江省为国家的经济建设提供了所需的木材。但随着开采量的不断增大，且保护不力，黑龙江省的林业资源濒临枯竭。改革开放后中国经济腾飞，因地缘优势以及俄罗斯远东与中国东北树种的接近性，中国从俄罗斯进口了大量木材。2007年，俄罗斯通过了《森林法典》，对发展林业进行了规范，同时对原木出口关税进行了调整，20世纪90年代为6.5%，从2007年7月1日起，征收关税调整到出口木材合同价格的20%，从2008年4月1日起，调整到25%，从2009年1月1日起，调整到80%，从而使进口到中国的木材价格大幅度上升[1]。此外，俄罗斯政府出台《森林法典》也是为了促进林业结构的优化，提高木材深加工能力，控制原木出口。

中俄林业发展具有共同的利益及互补性。黑河市可以积极发挥示范效应，鼓励本地企业走出去，在远东投资办厂，进行木材深加工，也同时带动中国有关企业走出去，规避直接从俄罗斯进口原木的高关税风险，引导企业向高附加值方向发展。

---

① 吴坤：《黑龙江省和俄罗斯远东林业经贸的发展趋势》，《中国新技术新产品》2012年第17期。

当前俄罗斯远东发展部积极与黑河市进行合作洽谈，借此有利时机，黑河市作为黑龙江省对俄前哨，积极尝试与远东有关地区建立一些林业合作开发的规章制度，这可以为未来对俄长期稳定的合作奠定法律基础，同时也将是黑龙江省对俄林业合作制度建设的有益尝试。此外，黑河市依托多年对俄合作的基础，与远东地区有关部门积极协调搭建中俄林业经贸合作的信息交流平台，以便及时了解世界林业贸易的标准和规则，跟踪主要林产品的市场行情、价格变化、贸易条件等，加强黑龙江两岸的信息交流与共享，增进互信，为中俄林业经贸合作发展搭建有效的信息共享平台。

四　俄远东地区水力资源及其生物资源

远东地区蕴含丰富的水力资源，其中两条最大的河流是勒拿河和阿穆尔河（黑龙江），分别汇入北冰洋和太平洋。勒拿河和阿穆尔河的水量巨大，甚至其支流都是航运的重要线路，足见两河具有重要的经济价值。远东地区的水力网络还包括相对小型的湖泊，而在水调节体系中沼泽地也发挥着重要的作用，根据统计数据，远东联邦区的沼泽地面积及其河网流域占全俄首位。此外，俄罗斯远东地区还蕴含丰富的地下水资源，水体中的生物更是种类众多。

（一）水力资源

1. 地上水资源

（1）阿穆尔河（黑龙江）

阿穆尔河全长 4440 千米，共分为三部分，上游长达 883 千米；中游从结雅河口到乌苏里河口，长达 975 千米；下游自乌苏里河口至鄂霍茨克海，流域面积达 180 万平方公里。阿穆尔河发源于石勒喀河与额尔古纳河交汇处，汇入鄂霍茨克海，河口地区水流量达 12800 立方米/秒。阿穆尔河流经中国东北部分地区和远东地区的阿穆尔州、哈巴罗夫斯克边疆区、后贝加尔边疆区、犹太自治州。河流名称"阿穆尔"源自满—通古斯语"дамур""амур"，意为"大河"，中国曾将此河称作"黑河"，意为黑色的河流，后改称为"黑龙江"。

（2）勒拿河

勒拿河发源于西伯利亚南部贝加尔山脉，汇入北冰洋拉普捷夫海，长达4400千米，流域面积达249万平方千米。勒拿河流经伊尔库茨克州和雅库特，部分支流流经后贝加尔、克拉斯诺亚尔斯克、哈巴罗夫斯克边疆区、布里亚特和阿穆尔州。勒拿河完全位于俄罗斯境内，流经永久冻土区，也是俄罗斯最长的河流。

（3）湖泊

远东地区分布有众多小湖泊，面积在两平方千米以上的湖泊多达300个，其中面积最大的湖泊是兴凯湖。兴凯湖是中俄界湖，湖面面积达4000平方千米。湖泊多分布于低洼地区，因而湖岸常常变为沼泽，而湖水矿化的程度也各不相同。

（4）沼泽

俄罗斯远东的沼泽地面积广阔，对调节水循环体系发挥了重要的作用。在远东地区有两大沼泽系，分别是位于勘察加的克鲁托戈洛夫斯克、郭尔帕郭夫斯克沼泽系和位于哈巴罗夫斯克边疆区的谢里格诺—哈尔比恩斯克沼泽系。在俄罗斯远东地区，共有9处湿地被列入拉姆塞尔湿地公约名录，包括：泽雅—布列因平原（阿穆尔州），兴安岭—阿尔哈拉低地（阿穆尔州），乌特霍洛克角（勘察加边疆区），白令海卡拉金岛（勘察加边疆区），帕拉波利斯基谷底（勘察加边疆区），莫洛申河（勘察加边疆区），博隆湖河和谢利贡河、锡米河两河河口（哈巴罗夫斯克边疆区），乌德利湖、比特基、比利德三河河口（哈巴罗夫斯克边疆区），兴凯湖（滨海边疆区）。

2. 地下水资源

俄罗斯远东地区地下水资源丰富，仅次于西伯利亚地区，位于全俄第二位。其中，远东地区地下水蕴藏量最大的是哈巴罗夫斯克边疆区，最少的是楚科奇自治区。根据 2015 年 1 月 1 日的统计数据，远东地区地下水日均流量为 574.78 万立方米。其中，地下水探勘程度较高的是楚科奇自治区和犹太自治州，程度最低的是萨哈林州。目前，远东地区地下水开采使用程度最高的是萨哈林州，最低的是楚科奇自治区。

(二) 生物资源

远东地区海洋生物资源丰富，主要位于 200 海里滨海区及远东海域大陆架。俄罗斯专属经济区内的鱼类和海产品总量达 2600 万吨，其中鳕科鱼类（明太鱼、宽突鳕、鳕鱼、狗鳕等）1600 万吨，鲱鱼 300 万吨，比目鱼、鲈鱼、沙丁鱼、鲑鱼、秋刀鱼 30 万—70 万吨。海产品储量达 250 万吨，包括磷虾、鱿鱼、螃蟹、海螺、扇贝、虾、海参、海带等。在远东海域内鱼类和水产资源分布不均匀，其中水生资源最丰富的地区为鄂霍茨克海渔猎区（Охотоморский），其捕鱼量占远东总捕鱼量的 46%；南库里尔斯克渔猎区（Южно-Курильский），占总捕鱼量的 18%。除上述鱼类资源和海产品外，远东海域还栖息着诸如海豹、海象、海狗、海獭、鲸鱼、抹香鲸等海洋哺乳动物。[①]

俄罗斯远东地区与中国东北地区形成共同的河流网络，位于黑龙江（俄罗斯称为阿穆尔河）两岸的黑河市和布拉戈维申斯克市更是在整个网络中占据着重要地位，毋庸置疑，发达的水运系统将为黑河市带来重要的发展机遇。在当前"一带一路"与欧亚经济联盟对接政策的指引下，黑河市作为水运航道枢纽，将发挥更重要的支点作用。同时，渔业贸易也将为黑河市和远东地区带来可观的利润。

---

① Водные ресурсы на дальнем востоке.//https：//studwood.ru/1282317/geografiya/vodnye_ resursy.

五　土地资源

俄罗斯远东地区农业用地面积约为 800 万公顷,其中谷物作物面积占总农业面积的 40%、大豆占 35%、马铃薯和蔬菜占 6%—7%、饲料占 15%—20%。

在远东的很多地区,农业发展的条件比较恶劣,适宜农业发展的土地较少,加之稀疏的人口密度,严重制约了农业发展。但也存在一些具有发展潜能的地区,例如,阿穆尔州的南部、犹太自治州、滨海边疆区和哈巴罗夫斯克边疆区。因此,为了发展农业生产,远东地区提出了两条农业发展路径。

第一,增加人口,引进资金,扩大远东土地耕种面积。"远东一公顷土地"法案就是俄罗斯发展农业的一项有益尝试。该法案由俄罗斯总统驻远东联邦区全权代表特鲁涅夫提出,于 2017 年 1 月最终获得通过。法案的实际实施过程分为 3 个阶段:2016 年 6 月 1 日,远东 9 个地区公民有权申请土地;10 月 1 日以后远东地区所有公民可以申请;2017 年 2 月 1 日后俄罗斯境内所有公民可以依法无偿申请远东地区土地用于经营活动①,同时远东地区政府制定了 35 条扶持措施。目前,已经有 3 万多人递交了土地申请,俄罗斯远东已经迎来它的第一批开垦者。

第二,积极进行基础设施建设,提高粮食的仓储条件,完善粮食的运输渠道。目前,俄罗斯的粮食都是通过海路运往中国。按照现在的俄罗斯铁路运输关税政策,铁路运费非常高。2017 年 11 月 1 日,外贝加尔—满洲里铁路建成通车,对于推动俄罗斯对华粮食出口具有重要意义。目前中俄首座跨黑龙江公路桥已经开工,预计 2019 年通车。可以预期,未来黑河将在中

---

① 杨玉国:《俄罗斯"远东一公顷土地法"2 月 1 日起全面实施》,2017 年 2 月 1 日,国际在线,http://news.cri.cn/20170201/de4a9d2c - 8d31 - 864a - 16d8 - 9045529f8b68.html。

俄农业合作中发挥重要的枢纽作用。

六　中俄能源合作

（一）中俄东线天然气管道工程

2014 年，中俄双方签署了总价值超过 4000 亿美元、年供气量 380 亿立方米、期限长达 30 年的中俄东线天然气购销合同。工程起点为黑龙江省黑河市的中俄边境，途经黑、吉、蒙、辽、冀、津、鲁、苏、沪 9 个省（自治区、直辖市），终点位于上海市，全长 3371 公里，是中国目前口径最大、压力最高的长距离天然气输送管道。工程于 2015 年 6 月开工建设，分期建设北段（黑河—长岭）、中段（长岭—永清）和南段（永清—上海），2017 年 12 月 13 日，随着中俄东线黑河—长岭段 11 个点段同时打火开焊，中俄东线天然气管道工程全面加速建设。预计 2019 年 10 月北段投产，2020 年年底全线贯通，当年供气量约 100 亿立方米，此后每年增加供气量 50 亿立方米到 100 亿立方米，最终达到每年 380 亿立方米。中俄东线天然气管道工程的目标市场是环境治理迫切的京津冀地区、市场承受能力较高的长三角地区和管道沿线的东北地区。该工程对提升中国清洁能源供应量，优化能源结构，实现节能减排，改善大气环境等，都将产生积极而深远的影响。同时，该工程也将推动国内气田、管道、储气库、天然气利用项目等上中下游产业链协同发展。

阿穆尔天然气加工厂是中俄天然气管道东线的源头和大型关键项目之一，目前已经开工。该项目位于俄罗斯阿穆尔州斯沃博金区，距离中国黑河市约 200 公里。合同金额 100 亿美元，设计能力为年加工天然气 420 亿立方米，年产氦气 600 万立方米。阿穆尔天然气加工厂建设共分三个标段，均由中方企业以投标方式参加，葛洲坝集团承建阿穆尔天然气加工厂 P1 标段于 2017 年 8 月正式开工。该项目建成后将成为俄罗斯最大的天然气处理厂，也将成为世界最大的天然气处理厂之一。

（二）黑河—阿穆尔边境油品储运与炼化综合体项目

2004 年 6 月，黑河星河实业发展有限公司针对黑河市与俄阿穆尔州优越的地缘优势、中俄两国石油贸易及油品运输方面的客观状况，提出了黑河边境石油合作项目，得到双方地方政府的大力支持，并开展了广泛、深入的合作探讨和前期研究工作，取得了多项工作成果。2006 年 11 月，俄罗斯联邦工业和能源部致函中国国家发改委，提出将边境石油综合体项目纳入两国总理定期会晤委员会能源分委会会谈。阿穆尔州政府向俄罗斯经济部申报将项目列入 2018 年以前远东及后贝加尔地区经济发展计划纲要。2007 年 3 月 28 日黑河星河实业发展有限公司与罗斯国际石油公司根据俄罗斯远东石油发展纲要和远东太平洋管道建设计划，结合中俄两国石油贸易政策，对项目方案进行了最终的调整与商定，并将项目名称确定为"阿穆尔—黑河边境油品储运与炼化综合体项目"。2009 年 11 月，黑龙江省政府与阿穆尔州签署的合作纪要中将该项目列入。2010 年 3 月，中国国家能源局签发了《关于同意黑龙江省阿穆尔—黑河边境油品储运与炼化综合体项目开展前期工作的复函》。2010 年 4 月，黑龙江省政府与阿穆尔州政府签署《关于共同推进阿穆尔—黑河边境油品储运与炼化综合体项目的会谈纪要》。2010 年 5 月 7 日国务院又公布了《关于鼓励和引导民间投资健康发展的若干意见》，支持鼓励民间资本进入石油天然气、电力和可再生能源、燃气等公用设施和矿产资源的勘探开发等诸多领域，为该项目顺利推进提供了强有力的政策支持。

2010 年，为加强项目投资经营主体的实力，黑河星河实业发展有限公司联合江苏梦兰集团、菊华信用担保有限公司共同出资成立了梦兰星河能源股份有限公司，收购了原黑河星河实业发展有限公司针对本项目所做的前期工作全部成果（包括原黑河星河实业发展有限公司在俄方投资经营主体原阿穆尔能源公司中所占的全部股份），同时接替了原黑河星河实业发展有限公司在本项目中全部地位和作用。至此，本项目开始由梦兰星河能源股份有限公司（中方）与新阿穆尔能源公司（俄方）两家公司分别作为本项目各自境内部分的投资经营主体，分别出资建设、经营和管理本项目各自境内部分。

梦兰星河能源股份有限公司（中方）是由江苏梦兰集团（占股50%）、黑河星河实业发展有限公司（占股40%）、菊华信用担保有限公司（占股10%）三家股东共同出资设立的股份有限公司。注册资本金48888万元，法人代表为钱月宝。阿穆尔能源公司（俄方）是由罗斯国际石油公司（占股60%）、梦兰星河能源股份有限公司（占股40%）两家股东共同出资设立的股份有限公司。

项目起自俄罗斯阿穆尔州别列佐夫卡，通过跨境输油管线连接到黑河市，主要建设原油储运站（首站），阿穆尔炼油厂（加工能力600万吨/年），63.1公里跨境输油管线和黑河油品储运站（末站）。项目的主要产品除100万吨成品柴油在俄罗斯远东销售外，其他油品通过跨境输油管线输运到黑河油品储运站，通过铁路运至大庆庆南开发区，为大庆庆南开发区化工项目和黑河石化项目提供原料。项目总投资10.88亿美元，投产后，每年将形成48亿美元的销售收入和40亿美元的进出口贸易额，年均上缴税金137亿元，其中营业税金及附加73亿元（其中中方65.2亿元，俄方7.8亿元），关税64亿元（其中中方7.3亿元，俄方56.7亿元）。进口油品深加工后会形成工业增加值约为270亿元。① 2016年，境外部分开工，完成"三通一平"及设备订购。目前，正在进行俄境内炼油厂总体设计。萨哈（雅库特）共和国油田区块勘探开发项目取得4个特许油田区块地下资源利用许可证，完成两个井钻探工作。

---

① 数据来自黑河边境经济合作区。

第三节　"冰上丝绸之路"的重要支点

自中国"一带一路"倡议实施以来，俄罗斯经历了从最初对此抱有疑虑到寻求合作的转变，中俄两国推进欧亚经济联盟与"一带一路"倡议对接的步伐逐步深入并在合作中不断加深友谊、增进互信。近年来，两国就俄罗斯北方海航道（Северный морской путь）及北极开发利用纳入"一带一路"建设的可行性不断加强沟通，最终达成了共建"冰上丝绸之路"（ледовый шелковый путь）的合作共识。中俄两国将积极打造贯通亚欧大陆的海上新干线，带动中国东北与俄罗斯远东、西伯利亚地区的经济发展。借由"冰上丝绸之路"俄罗斯北方海航道的利用，黑河市将依托口岸、黑龙江公路大桥、空中索道、铁路网、公路网等交通基础设施建设，与中国内地和俄罗斯远东地区互联互通，并凭靠良好的产业基础、商贸金融服务、官方民间交流资源等比较优势努力将自身打造成为亚欧大陆陆海联通的重要支点城市。

一　"冰上丝绸之路"的提出——历史追溯与现实意义

"冰上丝绸之路"这一概念首先由俄罗斯提出，俄方基于战略考量，邀请中国参与俄罗斯北方海航道及北极的开发利用，并提议将其纳入中国"一带一路"倡议框架内。北方海航道西起巴伦支海，经喀拉海、拉普捷夫海、东西伯利亚海、楚科奇海，东至白令海，不仅是连接俄罗斯欧洲部分和远东部分最短的航线，也是对世界多国经济发展具有重要价值的跨欧亚航线。

（一）"冰上丝绸之路"的历史追溯

目前，中俄"冰上丝绸之路"建设主要包括北方海航道利用和北极能源开发两方面的内容，而这些也曾是俄国北方开发史中的光辉一页。

　　北方海航道的开发始自 11—13 世纪波默尔人（поморы）的航海，但北方海航道的实际利用价值却是在 1525 年由俄国外交家德米特里·杰拉西莫夫（Дмитрий Герасимов）提出。1648 年夏天，雅库特哥萨克谢苗·杰日尼奥夫（Семён Дежнев）从科雷马河口航行至阿纳德尔河，从而证明了自北冰洋至太平洋存在海上航道，即亚洲和美洲之间存在海峡①。而对极地海洋研究做出最大贡献的当属米哈伊尔·莱蒙诺索夫（Михайл Ломоносов），他大胆预测在极地海域从东向西有漂流浮冰，同时对浮冰进行了分类。此外，莱蒙诺索夫及其他有关专家的极地科考也证明了沿北方海航道航行的可能性。

　　19 世纪上半叶，科学技术的发展使北极科考收获良多，地理科学分支更加细化，有效地促进了对北极地区水文、地理、气象、航海学等方面的研究，同时绘图也更加精确。② 1861 年农奴制改革后，俄国国内资本主义得到发展。自 1877 年起，不定期地通过喀拉海将西伯利亚的农产品和矿藏运往世界市场。截至 1919 年，共进行了 122 次经过喀拉海的航行，但却只有 75 次航行成功，同时总计运货量也仅有 55000 吨。喀拉海航行多数归于失败的原因是北方海域缺少导航设备、港口和破冰船，未获得沙皇政府的支持且资金短缺。③ 自 1911 年起，船队从符拉迪沃斯托克到科雷马进行海上试航，但因航道基础设施简陋该航线未得到发展。此后，第一艘配备有电台和破冰船导航的舰队出现，北方海航道开发进入了历史新时期。

---

　　① Музей Арктики и Антарктики. Российский государственный музей Арктики и Антарктики. Санкт-Петербург：РОСГИДРОМЕТ，2008. С. 9.

　　② 徐广淼：《十月革命前俄国北方海航道开发历史探析》，《俄罗斯研究》2017 年第 5 期。

　　③ История открытия Северного морского пути（https：//stud-wood. ru/1029676/turizm/istoriya_ otkrytiya_ severnogo_ morskogo_ puti）.

1917 年十月革命后，北方海航道进入全面开发时期，并成为紧迫的国民经济任务。列宁极其关注极北地区的海上航行和科学考察。1932 年，在奥特·尤里耶维奇·施密特（Отто Юльевич Шмидт）的带领下，科考队乘坐破冰船自阿尔汉格尔斯克至白令海峡进行了不间断航行，并证明了北方海航道利用的实际可能性。同年，成立了北方海航道管理局，主要负责开发从白海到白令海峡的航道、配套设施建设、导航及维护航行安全。此后，北方海航道管理局组建了专业的破冰船队和交通船队，并为船只导航提供水文和航空保障，进行生态、水文、气象、地理研究，建立北部社会主义工业中心。此外，在 20 世纪 30—40 年代伊加尔卡港、季克西港、佩韦克港、普罗维杰尼亚港等港口修建完成。此后，为进一步开发北方海航道，科考队进行了多次实地考察，包括水文考察、高纬度空中考察、建设科考站等。值得指出的是，第二次世界大战期间北方海航道成为了苏联军队的补给生命线，盟军从冰岛出发向摩尔曼斯克、阿尔汉格尔斯克运送物资，苏联国内从位于太平洋海域的雅库特、北极的东部沿北方海航道向欧洲部分运送粮食和工业产品。70 年代，核动力破冰船"列宁"号和"北极"号、常规动力破冰船"莫斯科"号和"列宁格勒"号等一系列冰级强动力船只的投入使用，使得北方海航道成为了国民经济物资大规模转运的干线。

自 20 世纪 90 年代苏联解体后，社会经济危机影响了北方海航道的开发利用。随着计划经济取消，从其他地区向北部运送工业产品和粮食的体制遭到破坏。由于价格自由化和信贷体制改革，大量与北方海航道有关的企业陷入严重金融危机。可以说，苏联解体后，北方海航道的发展受到极大的限制，北极开发停滞，辉煌不再。

数个世纪以来，俄国人不断探索北极地区，积累了有关地质、水文、气象、冰情等方面的详细数据，并相应地开发出破冰导航等技术，加之数百年的基础设施建设，可以说，目前，俄罗斯对北方海航道及北极的再开发具有相对雄厚的基础。

（二）对俄罗斯而言，"冰上丝绸之路"具有的现实意义

乌克兰危机后，俄罗斯调整发展战略方向，实施"向东转"（поворот на восток）战略。2016年6月，俄罗斯总统普京为促进亚欧大陆一体化提出了"大欧亚战略"，而欧亚一体化最重要的内容之一就是促进基础设施的互联互通，北方海航道因世界形势变化、俄罗斯战略调整，重新迎来发展机遇。可以看出，俄罗斯开始关注北方海航道和北极，这既与北极气候变化、北方海航道全年通航的可能性增大有关，也涉及政治、经济、军事等各方面因素。乌克兰危机后，俄罗斯受到西方的制裁，开始将发展方向转向东方。在俄国历史上，广阔的西伯利亚、远东地区长久以来发展落后，但开发北方海航道则将为该地区带来发展机遇：一方面，西伯利亚地区的多条河流将找到出海口，从而促进对外贸易、刺激经济发展；另一方面，北方海航道开通后，从符拉迪沃斯托克经白令海峡向西到达欧洲的航线贯通，俄罗斯将形成统一的国家航运体系，有效地促进亚欧陆海联通。北极地区蕴含丰富的能源，但受制于气候、水文、基础设施等方面的因素，未能得到有效开发利用。对于俄罗斯而言，北方海航道是北极地区发展的关键因素，它将成为北极资源运输和出口的重要海上航线。此外，北方海航道具有重要的军事意义，它将使位于东、西方的海军基地连接贯通。

由此可见，在当代俄罗斯，北方海航道及北极蕴含的巨大经济利益及地缘政治利益是其重新得到俄罗斯高层重视、再次迎来发展机遇的关键推动力。

二　中国参与"冰上丝绸之路"建设的战略意义和现实考量

中国的极地研究始于1981年。1993年，中国从乌克兰进口破冰船，即"雪龙"号，自此中国开始了对北极地区的大规模科考活动。2004 年，中国建立首个北极科考站黄河站，这为中国在北极地区创造了一个永久性的科研平台。中国参与北极开发的历史大致可以分为两个阶段：第一个阶段是 20 世纪 80—90 年代，中国对北极展开初步探索，主要是同北极国家一起开展科学考察；第二个阶段是进入 21 世纪后至今，中国开始在北极地区谋求合理的政治经济利益。目前，中国已成立北极科研中心，制定建造破冰船的有关规划并参与北极的多边组织活动，积极寻找与北极国家合作开发北极及北方海航道的机会。应俄罗斯的邀请，中国基于对参与“冰上丝绸之路”建设可行性与局限性的客观分析和科学论证，开始参与“冰上丝绸之路”建设，可以说，这契合了中国建设海洋强国的目标，为中国经济布局调整、经济发展提供了新思路。

（一）参与“冰上丝绸之路”建设为中国积极推进海洋强国建设提供新机遇

党的十八大明确提出要提高海洋资源开发能力，发展海洋经济，保护海洋生态环境，坚决维护国家海洋权益，建设海洋强国。党的十九大再次明确，“中国将加快建设海洋强国”，海洋强国建设是关乎中华民族实现民族复兴的历史大计，也是党和国家迫切关心的强国战略。发展海洋经济，不仅包括传统商业航运的发展，还包括海洋资源的开发，船舶产业和渔业发展等。而中国参与“冰上丝绸之路”建设恰恰促进了海洋经济的发展。2017 年 7 月 4 日，习近平主席与普京总统签署《中华人民共和国和俄罗斯联邦关于进一步深化全面战略协作伙伴关系的联合声明》，声明中指出，中俄两国应加强在北极地区的合作，中俄两国的有关主管机关、科研组织、企业在共同开发利用北方海航道，进行科学考察、勘探开发自然资源、北极旅游、保护自然环境等方面进行合作。[1]

---

[1] 《中俄关于进一步深化全面战略协作伙伴关系的联合声明》，2017 年 7 月，中国网，http://www.china.com.cn/news/world/2017-07/05/content_41153556.htm。

中国自改革开放以来经济的飞速发展需要资源的动力支持，而北极地区蕴含丰富的油气资源，将满足中国乃至亚太市场的需求。中国通过"冰上丝绸之路"的合作平台，将有效带动沿海港口发展，形成辐射周边的工业园区网络。中国东北地区与俄罗斯远东、西伯利亚地区毗邻，在多年的中俄合作中建设了良好的互联互通设施，例如黑龙江省的黑河市与俄阿州首府布拉戈维申斯克市隔江相望，依托地缘优势，建造了油气管道、输电线等基础设施，在未来的"冰上丝绸之路"建设中将有效地发挥支点作用，成为俄能源输入中国的过境通道和储运中心。而中国参与北方海航道的开发，也将使中国联通四大洋，从而拓宽对外贸易通道，深化对外开放。保护海洋生态环境是建设海洋强国的重要目标之一，在中俄共建"冰上丝绸之路"的过程中也将贯彻这一理念，而相应地，在共建过程中，中国将积累大量海洋环境保护、海洋灾害事故应急处理与救援、污染治理等方面的有益经验与教训，将更好地服务于中国的海洋强国建设战略。

为向世界表明中国对北极及北方海航道开发的合理利益关切，2018年1月26日，国务院新闻办公室发表《中国的北极政策》白皮书。在白皮书中，详细介绍了北极的形势与变化、中国与北极的关系，同时阐述了中国的北极政策目标和基本原则，明确了中国参与北极事务的主要政策与主张：中国与俄罗斯在多方面的利益诉求不谋而合，积极探索北极，共同关注北极地区生态、气候变化，依法合理开发北极资源。[1] 中国迅速响应俄罗斯有关"冰上丝绸之路"的倡议，为"冰上丝绸之路"建设开启了政策制定、制度建设的良好开端，这也符合中国海洋强国战略的制度建设需要，将有利于海洋体制和机制的完善，为

---

① 《中国的北极政策》白皮书，2018年1月26日，国新网，http://www.scio.gov.cn/zfbps/32832/Document/1618203/1618203.htm。

海洋强国战略的实施提供政策保障。

（二）对中国而言，"冰上丝绸之路"蕴含的能源潜力和商业价值

自1987年中国实行改革开放到2010年成为世界第二大经济体，中国经济实现了跨越式发展。能源是经济发展的主要驱动力，中国的石油、天然气等能源的对外依赖程度随着中国经济的持续高速发展而不断加深，能源安全日渐成为制约经济发展的潜在威胁因素。北极地区蕴含着丰富的石油、天然气，且已探明的石油蕴藏量占世界石油总探明储量的十分之一，天然气蕴藏量占世界总探明储量的四分之一。从地理分布上看，北极地区的丰富能源主要集中于俄罗斯境内的极北地区，换句话说，北极地区80%的石油和几乎全部的天然气位于俄罗斯管辖区域内。中国积极关注北极地区的能源开发，而俄罗斯也因资金、技术的不足期望与中国开展合作。亚马尔液态天然气项目便是中俄两国共同开发北极能源的成功尝试，也是中国"一带一路"倡议实施后，中方企业海外参与的重大项目。无论是资金投入还是技术投入，中国都对此项目给予了极大的支持，同时中国也在项目参与中积累了丰富的模块化工厂建设和天然气生产加工等方面的经验。2017年11月底项目投产运行，可以预见，该项目未来将向亚太地区和欧洲地区提供可观的能源；依托于北方海航道的海上运输优势，该项目的成功运行也将极大地改变世界能源市场格局。更重要的是，亚马尔液态天然气项目为中国破解能源危机提供了新的思路和机遇，也为中国经济发展提供了缓冲时间和动力支持。

中国的对外贸易极其依赖海上航运，俄罗斯北方海航道的全年通航将为中国带来商业利益。与传统的海上航线相比较，经北方海航道到达欧洲将更省时。目前，国际航运市场上连通亚洲与欧洲的航线主要有三条：第一条是经马六甲海峡、苏伊士运河、直布罗陀海峡到达欧洲的经典航线，总航程约10761

海里，理论上耗时约 35 天，是三条航道中距离最短的航线；第二条是经巴拿马运河和大西洋到达欧洲的航线，总航程约 14139 海里，耗时约 40 天；第三条是绕行非洲好望角的航线，总航程约 12071 海里，耗时约 46 天。而经由北冰洋从亚洲到达欧洲总航程最长预计只有 6700 海里，耗时约 22 天。由于航程缩短，航行成本也将降低近 30%。① 此外，相较于传统海运航线，北方海航道附近没有海盗出没，因而更加安全。

值得指出的是，由于传统海运路线主要依托东南沿海港口，从而带动了东南沿海港口建设、城市发展、经济腾飞。而中国东北地区近年来人才大量外流、发展动力不足、经济持续低迷。如若北方海航道全线贯通，可以大胆预测，中国东北部地区沿海、沿江口岸将承接起货物的转运，随之将带来沿边地区国内、国际贸易发展与产业融合，从而为中国东北地区经济发展注入新的活力。

（三）中国参与"冰上丝绸之路"的可行性与局限性

2017 年 5 月 14 日，在中国北京"一带一路"国际合作高峰论坛上，俄罗斯总统普京表示，希望中国能够利用北极航线，并将其与"一带一路"进行连接。5 月 26 日，俄罗斯提议中俄共同开发北方海航道，打造"冰上丝绸之路"。随后，在梅德韦杰夫总理访华期间，习近平主席表示，中方愿意同俄方就北方海航道建设进行合作，共同建设"冰上丝绸之路"。至此，中国作为域外国家接受俄罗斯的邀请，与其就共建"冰上丝绸之路"达成共识，中国参与"冰上丝绸之路"建设具有了坚实的政治基础。

基于全方位利益考量，俄罗斯积极推进北极开发和北方海航道利用，中国在以下三个主要方面契合了俄罗斯的战略需求，

---

① 《深度：北极航运的优与劣》，2017 年 6 月，中国水运网，http://www.zgsyb.com/html/content/2017－06/06/content_639977.shtml。

因而俄罗斯寻求将北极及北方海航道开发利用纳入中国"一带一路"框架内，促成与中国共建"冰上丝绸之路"。

首先，从地缘政治角度来看，俄罗斯希望通过中国参与北极开发来平衡北极国家间的力量对比。俄罗斯作为北极国家，曾经极力排斥域外国家涉足北极领域开发。但是，乌克兰危机后，俄罗斯同西方，包括部分北极国家的关系急剧恶化，同时以美国为首的北约在北极地区竭力压制俄罗斯。此外，在除俄罗斯之外的 7 个北极国家中，只有芬兰和瑞典不是北约成员国，可是这两国也在积极申请加入北约，并与北约保持一致立场。俄罗斯在北极地区倍感孤立。因此，邀请其他域外国家加入北极开发，增加自身在北极地区的分量已成为明智之举。中国作为俄罗斯的全面战略协作伙伴自然地成为了俄罗斯的合作首选。

其次，随着北方海航道物流量增大，提高北方海航道的交通运输能力具有更加积极的现实意义，而俄罗斯因西方制裁经济严重下滑，中国便成为俄罗斯北方海航道及北极开发最具潜力的投资来源。2016 年，北方海航道的货运量增加了 30%，达到 740 万吨历史新高（超过了 1987 年的货运高峰量——658 万吨）。2017 年年底，第一批亚马尔液态天然气通过北方海航道运往中国，随着第三条生产线的开工亚马尔的液态天然气产量将达到 1650 万吨，北方海航道的物流负荷量显著增大。再考虑到其他项目，到 2020 年，北方海航道的物流量将增加数十倍，达到 6500 万吨。① 北极理事会的气候影响评估报告和联合国政府间气候变化专门委员会第四次评估报告都使用全球气候模型（GCMs）模拟了 21 世纪北极海冰范围的持续缩减情况，甚至有预测指出，到 21 世纪中叶，整个北冰洋可能会在夏季出现短暂

---

① Политика Китая и северный морской путь（http：//vopros-ik. net/politika-kitaya-i-severnyj-morskoj-put/）.

的无冰期。① 更有专家预测，到 2020 年，北冰洋通航时间可能
延长至 6 个月，甚至到 2030 年，北冰洋将全年通航。显然，北
方海航道当前的设施配备、导航护航等条件将无法承担未来巨
大的货运量，因而俄罗斯急需提高北方海航道的运输潜力。自
乌克兰危机以来，因油价断崖式下跌使得俄罗斯经济受到重创，
寻求可靠的投资合作伙伴成为解决北方海航道发展问题的有效
途径。中国自"一带一路"倡议实施以来，投资积极性显著增
强。2014 年年末，中国创建丝路基金，该基金已经为诸多"一
带一路"框架下的合作项目提供了金融支持。2015 年 12 月，亚
洲基础设施投资银行（以下简称"亚投行"）成立，随后俄罗
斯建议亚投行参与北方海航道项目，并得到了亚投行的支持。
在北方海航道改造升级过程中，俄罗斯期望借力"一带一路"，
与中方实现合作共赢。

最后，在北方海航道建设中，俄方不仅需要资金，还需要
交通基础设施建设的技术及经验，尤其是深水港建设的经验，
而中国恰在这些方面具有比较优势。中国在国内拥有世界十大
港口之一——上海港，在国外建设了瓜达尔港、皎漂港、汉班
托塔港，中国的技术优势再次契合了俄罗斯的迫切需要。

可见，俄罗斯经过客观、审慎的多方面考量，基于地缘政治
利益、经济技术需求，理性选择了中国作为共建"冰上丝绸之
路"的合作伙伴，互利合作也成为"冰上丝绸之路"能够顺利
开展的重要保障。

此外，中国对北方海航道的商业运行进行了科学论证，中
国商船多次进行试航，实地考察北方海航道的通航能力及成本。
在 2013 年中国完成首次沿北方海航道航行后，中远集团"永
盛"号货轮分别于 2015 年和 2016 年又完成了两次北极试航。

---

① 刘惠荣主编：《北极地区发展报告（2015）》，社会科学文献出
版社 2016 年版，第 85—86 页。

2017 年 8—9 月，中远海运共派出 5 艘船舶，利用北冰洋航行窗口期从连云港、天津新港至挪威和丹麦往返，经过实地考察和测算，该航线相较于传统海上航线节省时间和开支，安全而高效。科学的论证为中国参与"冰上丝绸之路"建设提供了客观依据。

但不可否认，"冰上丝绸之路"建设在为中国带来机遇的同时，也存在诸多限制性因素，需预先制定反应机制和应对方案。北极生态保护是在中国参与"冰上丝绸之路"建设时需谨慎对待和认真考虑的重要问题之一。北极地区气候变化将导致冻土带消融、地势下沉，极地生物生存受到威胁，而中国一旦参与"冰上丝绸之路"建设，北极地区的人流量、工业设备势必增多，如何应对进一步的气候变化，如何保护当地的生物资源需进行考证研究。此外，经北方海航道运送能源过程中，如何防止油气泄露及泄露后的救援、维护工作，也是中国在参与开发时将面临的重大挑战。目前，中国缺乏对北极冰情的研究，沿北方海航道通行的船只多半需要破冰船导航，那么破冰船的建造技术和破冰船导航的成本将关乎北方海航道的商业价值。此外，中国作为北极理事会的观察员国，无法参与北极有关航行规则的制定，在参与"冰上丝绸之路"建设中势必受到限制。而中俄共建冰上丝绸之路政策的持久性也需谨慎评估，俄罗斯是否会在未来的内外因素变化下仍坚持共建理念，需要科学论证。

总体而言，中国对俄罗斯提出的"冰上丝绸之路"建设倡议表示支持并做出了积极回应，而中国在未来的共建合作中，也将以客观的分析、科学的评估为指导，尊重双方利益，力图实现合作共赢。

三　黑河市融入"冰上丝绸之路"建设的基础与前景

黑河市位于黑龙江省西北部，是中国首批沿边开放城市。

黑河市市区爱辉以黑龙江主航道中心为界，与俄罗斯阿穆尔州首府布拉戈维申斯克市隔江相望。两岸生活着多个跨界民族，语言、文化、宗教信仰等相近，是两国人民沟通的纽带。因地缘毗邻，两岸人口流动频繁，加深了两国人民的了解与友谊。可以说，黑河市作为中俄边境城市，与俄罗斯远东的交流往来具有得天独厚的优势。近年来，随着黑龙江公路大桥的开工建设、空中索道选址完成、多个港口升级改造计划出台等，黑河市将因独特的地理位置、良好的基础条件而成为中俄"冰上丝绸之路"的重要支点城市。

（一）黑河市所具备的成为支点城市的基础优势

从官方合作水平来看，黑河市与布拉戈维申斯克市行政级别对等、地缘毗邻，便利了双方就两国高层战略的落地对接等进行有效的沟通。多年来，黑河市与阿穆尔州布拉戈维申斯克市、萨哈共和国雅库茨克市等远东多个友好城市建立了政府间合作机制，对应部门间就有关问题进行多次磋商，并建立了定期会晤机制。近年来，俄罗斯远东发展部多次与黑河市市委就远东开发相关政策性问题进行座谈，黑河市也积极与布市就建立跨境经济合作区、共建交通互联设施等问题进行沟通。2015年，中俄总理第二十次会晤联合公报中提出"加强北方海航道开发利用合作，开展北极航运研究"，自此，黑河市便开始跟踪中俄有关航运、"一带一路"等政策的出台，并积极进行交流对话。2017年11月1日，俄罗斯总理梅德韦杰夫访华期间，远东发展部与黑河市市委在北京进行会晤，就中俄共建"冰上丝绸之路"等问题对话。不难看出，黑河市紧跟党中央的政策方向，积极把握对俄合作时机，与远东有关城市政府间建立沟通机制，为"冰上丝绸之路"的落地实施奠定了坚实的合作基础。

从民间合作基础来看，黑河市与布市隔江相望，两岸人民睦邻友好，交流往来频繁。在中俄政府的鼓励下，两岸政府切实促进两岸民间交往，形式多样、内容丰富的活动加深了两岸人民的相互了解，增进了两国人民的友谊。自 2010 年黑河市与俄阿州联合承办首届中俄文化大集以来，该活动已经连续八年在黑河市成功举办，其间精彩的文艺演出、丰富的文化展销、多样的文化推介等年年刷新两岸人民对彼此的认识与了解。此外，两岸艺术家互办画展、摄影展等又让那些未曾有机会到对方国家的人们通过图片增加了对异国的想象与兴趣。黑龙江两岸气候相似，因而民间体育爱好相仿。每年两岸丰富的体育交流活动数不胜数，尤其是冬季冰上项目的友谊赛更是拉近了两岸人民的关系。加之，教育科技等领域的交流互访掀起了两岸人民互学语言的风潮，语言又再次搭起了跨越龙江的友谊之桥。可以说，黑河市作为中俄边境城市，极大地发挥了两岸民间交流的优势作用，使两岸人民在友谊中增强信任，为两岸有关政策的落地实施扫清了障碍。

从地理位置来看，黑河市是进入俄罗斯远东地区、俄罗斯腹地最便捷的通道和枢纽。黑河市作为一个地级市，与俄罗斯远东地区第三大城市——阿穆尔州布拉戈维申斯克市是中俄边境线上唯一的，并且规模最大、规格最高、功能最全、距离最近的一对对应城市，最近处相距仅 750 米。据测算，从黑河口岸进入俄罗斯腹地及独联体国家，比从绥芬河和东宁近 1500 公里；进入俄罗斯远东地区，比从绥芬河和东宁近 700 公里。因而，中国的商品可以从黑河口岸入境远东地区经北方海航道运往欧洲，或直接经黑河口岸进入俄罗斯腹地，这样物流距离缩短，相应地成本降低。反之，如若货物从俄雅库特共和国的雅库茨克发出，经黑河口岸比经满洲里口岸近 2051 公里，比经绥芬河口岸近 1786 公里。从中俄物流双向考量，可以认为，黑河市依托地缘优势，将在未来"冰上丝绸之路"的航运发展中成为重要的交通枢纽。

从基础设施建设水平及潜力来看，黑河市充分利用了地缘优势，自对俄开放进程重启后，公路、铁路、航空、水运等交通基础设施日趋完善。目前黑龙江公路大桥建设进展顺利，计划于 2019 年 10 月交工通车，届时将有效地促进两岸人力、物力、资金等顺畅流通。2011 年，中俄共同商定修建黑河—布拉戈维申斯克跨黑龙江空中索道，待索道建成完工，将建设索道口岸。黑河瑷珲机场是中国境内与俄远东城市距离最近的机场，从航程、经营成本等多方面具有比较优势，而五大连池德都机场的建成将极大地提升区域旅游配套服务水平，直接拉动区域经济旅游增长。北黑铁路升级改造完成后，也将使中国东北地区与俄罗斯远东地区形成更加便利的铁路网。在 2017 年，国务院印发的《关于印发"十三五"现代综合交通运输体系发展规划的通知》中明确提出，"建设黑河至港澳运输通道"。此外，黑河市也是黑龙江省、东北地区及中国内地与俄罗斯远东物流运输公路网的重要节点。伴随着黑龙江公路大桥、空中索道、机场、铁路建设的陆续完工，黑河市将依托北黑铁路、黑河至港澳运输通道、黑河机场、公路网与中国内地、港澳地区联通，经黑龙江公路大桥、空中索道、黑河各口岸、俄罗斯铁路网等与俄罗斯远东联通，黑河市作为亚欧陆海联通网络的节点城市，将有效地促进亚欧大陆间人力、物力、资金流通，带动黑河市、黑龙江省乃至整个东北地区的经济发展。此外，中俄东线天然气管道、中俄原油管道二期工程、阿穆尔—黑河油品储运与炼化等项目正在有序推进，而目前黑河市进口俄电有 3 条国际输变电线路，随着中俄"冰上丝绸之路"建设的展开，俄罗斯北极及远东地区的能源将得到有效开发，包括中国在内的亚太地区将成为俄罗斯能源的重要出口市场并为俄罗斯带来巨大的收益，黑河市油气管道及深加工项目的落成、输变电线路的完备基础都将拓宽中国能源安全供应渠道，黑河市也将成为俄能源出口至中国的过境通道、储备中心及加工利用基地。

由此可见，黑河市占据了良好的交通网络节点位置，并具备了能源过境、储运的基础功能，而黑河市自官方至民间的多年对俄合作经验也为"冰上丝绸之路"有关政策的落地实施奠定了基础。可以说，黑河市具备了成为"冰上丝绸之路"上重要支点城市的基础优势，也将带动并辐射中国东北、俄罗斯远东地区经济发展，促进贸易投资便利化。

（二）黑河市将在未来"冰上丝绸之路"建设中发挥支点作用

黑河市依托良好的基础优势，将极大地促进北极地区能源开发、出口及亚欧大陆物流发展，借此也将发挥支点作用，撬动整个东北地区及俄罗斯远东地区经济发展，并有可能改变中国经济发展格局。

首先，黑河市将依托产业基础优势吸引境内外企业来黑河市投资发展。黑河市抢抓国家振兴沿边战略机遇，加大力度建设黑河特色产业园区，不断完善基础设施和软硬件配套，已形成黑河进出口加工产业园、北安经济开发区、嫩江工业示范基地等八个规模性园区，并形成了产业聚集优势。企业入驻黑河产业园区，将节省水、电、土地、交通等成本，享受有关财税政策和金融政策优惠福利，有关行政审批手续简化，企业项目迅速上马。相应地，阿穆尔州境内目前有三大产业园区，即阿州别列佐夫卡镇境外石化建材加工园区、黑河北丰中俄阿穆尔农业（畜牧）产业园区、阿穆尔州和兴商贸物流园，三大园区承载能力也在不断提升。随着黑龙江公路大桥的开工建设，黑河市利用比较优势并针对俄方市场需求，以能源资源、机械制造、跨境电商、健康养老、生态旅游等为重点，将与阿穆尔州境内的园区实现两岸互联，构建互惠互利的跨境产业链。目前，跨境经济合作区得到了国家商务部大力支持，列入中俄总理会晤议题并与俄方就跨境合作达成一致。黑河市良好的产业基础优势将在未来的"冰上丝绸之路"建设中吸引更多的境内外企业前来发展，黑河市将具有物流贸易集散、进出口加工和国际商贸旅游的功能，其经济潜力也会伴随着产业发展充分释放，有效带动中国东北和俄远东经济发展。

其次，黑河市良好的金融服务水平，将极大地促进中俄沿边贸易投资便利化。经过三十多年的对俄开放，黑河市中俄经贸、文化交流不断发展，黑河市在对俄人才、人脉资源方面积累了独特的比较优势并熟悉两国经贸规则与文化。而未来中俄"冰上丝绸之路"建设过程中，各企业势必会对精通两国经贸规则与文化的专业服务需求非常强烈，黑河市将可提供商贸翻译、商务考察与项目对接组织、金融租赁、投融资中介、金融保理、保险、法律咨询、国际第三方质量检测检验、验货公正、国际货代、报关等配套完善的专业商贸服务。此外，近年来，黑河市与阿穆尔州之间的跨境金融合作成果丰硕。黑河市农商银行与多家银行建立长期合作关系，并与俄罗斯储蓄银行、通信银行、亚太银行建成账户行关系，实现了与这三家银行的汇款实时到账功能、客户资源共享等。黑河市在多年的对俄贸易发展中，商贸金融服务水平得到了极大提高，在未来"冰上丝绸之路"建设中，将促进贸易投资的便利化。

最后，随着地区经济的发展，中俄两岸民间贸易将充满活力。自1982年黑河口岸对俄重新开放后，中俄边民互市历经多年发展，互市贸易达到较高水平。2004年，黑河市经过科学论证后，将边民互市贸易延伸至整个市区，并出台了《边民互市贸易区管理暂行办法》；2008年，中俄自由贸易城建立，自此，边民互市依托新的互市贸易载体出现了一个短暂的高峰。随后，黑河中俄边民互市受金融危机、俄罗斯经济发展等因素的影响，但黑河市政府积极采取政策主动应对，利用这个对外贸易的调整和转型期，出台有关政策，重新修订了《黑河市中俄边民互市贸易区管理办法》，并严格规范边民贸易，2015年，在哈尔滨海关的支持和监督下，批准边民互市贸易监管点和交易点正式投入使用，自此边民贸易质量提升至更高水平。龙江两岸管理规范的规模性边民互市将在中俄"冰上丝绸之路"建设的过程中带活两岸民间贸易。

　　"冰上丝绸之路"是继"丝绸之路经济带""21世纪海上丝绸之路"后又一具有重要意义的倡议。不同于"一带一路"倡议,"冰上丝绸之路"是由俄罗斯首先提出,中国积极响应,中俄共建亚欧海上新干线的创举。这一创举也体现了中俄两国互信、互利、合作共赢的双边关系。北极地区在俄国史上占据重要的战略地位,尤其是苏联时期,极其重视在北极地区的战略部署、北方海航道的开发、北极资源的勘探等,苏联解体后,北极开发虽停滞,但俄罗斯仍禁止域外国家涉足。在当前复杂的国际形势下,俄罗斯向中国抛出合作的"橄榄枝",而中国在明知"冰上丝绸之路"存在不确定性和局限性的情况下仍积极回应,这些无疑证明了两国间高度的政治互信。中俄两国在经过科学论证、多方考量后,达成共建"冰上丝绸之路"的共识,其中互利是关键因素,也是双方合作能持久开展的有力保证。未来,可以预见,"冰上丝绸之路"将为中俄两国带来新机遇,带动中国东北和俄罗斯远东、西伯利亚地区的发展,促进北方海航道及北极开发,影响中国产业布局和沿海、沿江经济发展,实现中俄两国合作共赢。黑河市依托优越的地理位置、日益完善的交通基础设施、合理的产业布局等优越的基础条件,将成为中俄"冰上丝绸之路"的支点城市,发挥示范效应,也将成为"冰上丝绸之路"有关政策落地实施的试验区、桥头堡,黑河市经济将实现跨越式发展。总之,"冰上丝绸之路"不仅会为中俄两国带来实际的经济利益,也将进一步巩固和加强互利互信的中俄双边关系发展。

第四章　新时代黑河市开放发展的重大机遇

　　党的十九大报告从统筹国内国际两个大局的高度系统回答了新时代要不要开放、怎样开放的重大命题，强调要"推动形成全面开放新格局"，"发展更高层次的开放型经济"，明确了新时代的开放理念、开放战略、开放目标、开放布局、开放动力、开放方式，使得边疆地区在对外发展格局中的重要性日益凸显，迎来利好前景。从外部环境来看，当前，中俄两国关系处于历史最好时期，俄罗斯联邦政府高度关注远东地区开发开放进程，不断加大远东开发力度。"一带一路"倡议日益受到俄罗斯政府及各界的关注与支持，中俄区域合作正朝着纵深层次推进，这为黑河市扩大对外开放带来了难得的发展契机。

第一节　"中蒙俄经济走廊"建设大项目的实施

　　2014 年 9 月 11 日，习近平主席出席中蒙俄元首会晤时提出，中蒙俄三国发展战略高度契合，中方提出共建"丝绸之路经济带"倡议，获得俄方和蒙方积极响应。可以把"丝绸之路经济带"同俄罗斯跨亚欧大铁路、蒙古国"草原之路"倡议进行对接，打造中蒙俄经济走廊。2016 年 6 月 23 日，中蒙俄三国签署《建设中蒙俄经济走廊规划纲要》，明确了经济走廊建设的根本宗旨、具体内容、合作原则、资金来源和实施机制，对深化交通基础设施互联互通、口岸建设、产能、投资、经贸、人文、生态环境等重点领域合作，推动中蒙俄经济走廊尽快取得阶段性成果具有重要意义。

中蒙俄经济走廊建设，是"一带一路"倡议下首条正式开建的多边经济走廊，也是多边开放合作的成功典范。近年来，中蒙俄三国依托互为邻国的优势，积极推进三国毗邻地区次区域合作，有力带动三国毗邻地区共同发展，充分体现了三方秉持共商共建共享原则，推进"一带一路"建设的决心和信心，展示了"一带一路"建设的巨大潜力和广阔前景。随着"一带一路"中蒙俄经济走廊的有效衔接，黑河市地缘优势不断凸显，迎来了国家和省级战略叠加的历史性机遇。

一　政策机遇

（一）交通基础设施互联互通方面

中蒙俄经济走廊建设致力于加强在国家运输通道、边境基础设施和跨境运输组织等方面的合作，形成长效沟通机制，促进互联互通。这有利于黑河市加快推进中俄跨境铁路大桥、黑龙江公路大桥、跨境索道、黑河机场、哈尔滨至黑河高铁等交通基础设施建设，构建内外联通、安全畅通、立体通道的跨境互联互通网络。

（二）口岸建设及海关、检验检疫监管方面

中蒙俄经济走廊建设致力于加强口岸软硬件能力建设，注重信息互换和执法互助，创新完善海关、检验检疫业务及货物监管机制和模式，共同推动提升口岸通行过货能力。这有利于黑河市深化口岸对俄合作，加强口岸基础设施建设，推进口岸货场、联建、保税、仓储等设施改造，探索"联合查验、一次放行"通关模式，促进口岸通行安全便利，把本地区建设成为沿边地区重点、专业、特色口岸，打造面向俄罗斯和东北亚开放合作的重要平台。

（三）产能与投资合作方面

中蒙俄经济走廊致力于加强在能源矿产资源等领域合作，共同打造产能与投资合作集聚区，实现产业协调发展，形成紧密相连的区域生产网络。这有利于黑河市深化对俄资源能源合作，推进中俄东线天然气管道、中俄原油管道二期工程、阿穆尔—黑河油品储运与炼化等项目建设，加大对俄购电力度，拓展中国资源安全供应渠道，为吸引战略性投资主体、促进产能合作升级创造条件。

（四）深化经贸合作方面

中蒙俄经济走廊致力于发展边境贸易，优化商品贸易结构，扩大服务贸易量，拓展经贸合作领域，提升经贸合作水平。这有利于黑河市加强商贸物流等领域对俄交流合作，推进对俄物流支干线、"海外仓"项目及机电产品会展中心项目建设，打造物流品牌和提升物流产业竞争力，进一步拓展国际市场、发展外向型经济，带动设备、技术、标准、产品和劳务输出。

（五）人文交流合作方面

中蒙俄经济走廊致力于重点深化教育、科技、文化等方面合作，促进人员往来和民间交流便利化。这有利于黑河市深化教育、医疗、科技、文化、体育等领域交流合作，引进俄罗斯教育、医疗、科技等优质资源，提升联合办学水平，推广中医非药物疗法，推进科技成果转化，扩大中俄文化大集等对俄交流载体的影响力和示范性。

（六）生态环保合作方面

中蒙俄经济走廊致力于积极开展生态环境保护领域的信息交流共享和技术研讨合作，以环境保护研讨会为依托，探索在研究和实验领域进行合作的可能性。这有利于黑河市同俄阿穆尔州探索共建有效联动机制，推动双方在生态修复、水文监测、防灾减灾、应对气候变化等领域的交流合作，加强环境保护合作。

（七）地方及边境地区合作方面

中蒙俄经济走廊建设致力于充分发挥相关城市比较优势，推进建设合作机制，推动地方及边境地区合作，建设一批地方开放合作平台。这有利于黑河市积极开展友城合作，巩固深化友城关系，加强同克拉斯诺亚尔斯克市、布拉戈维申斯克市、萨哈（雅库特）共和国涅留恩格里区和雅库茨克市的交流合作，发挥各方潜力和优势，拓展互利共赢的经济发展空间，提升在国际市场上的联合竞争力，促进共同繁荣。

二　大项目建设机遇

（一）铁路通道建设方面

黑龙江省要建设哈尔滨至黑河铁路过境通道。大致呈南北走向。南起哈尔滨，途经滨北线、北黑线至黑河，从黑河大桥出境至布拉戈维申斯克，与俄罗斯西伯利亚大铁路、贝阿铁路相连。这是黑河市黑龙江公路大桥能够顺利实现开工建设的最大机遇，目前进展顺利。

（二）公路通道建设方面

以连接相关节点、产业园区和边境口岸的国省干线为主的公路网建设目标，为黑河市加快公路建设，尤其是丹阿公路逊克至逊孙界段一级公路、北安至富裕高速公路、省道长讷公路二龙山农场至五大连池段、呼嫩公路闫家屯至嫩江段二级公路、丹阿公路逊孙界至黑河段以及五大连池风景区至伊春汤旺河旅游公路的建设提供了有利机遇。

（三）水运通道建设方面

黑龙江省提出以哈尔滨港和佳木斯港为枢纽，黑河、抚远等口岸港口为节点，建设黑龙江、松花江和乌苏里江航道等重要水路运输通道及江海联运通道。这为黑河市加快港口改造，大力发展对俄水运和出海航运提供了有利机遇。

（四）航空通道建设方面

黑龙江省提出建设以哈尔滨太平国际机场为枢纽，齐齐哈尔、牡丹江、佳木斯、黑河、漠河、抚远等支线机场为节点的中俄、中欧、亚洲等航线。这为黑河市开放黑河国际空港、发展对俄航线，进行瑷珲机场改造、提高空运能力提供了有利机遇。

（五）管线通道建设方面

国家提出建设从漠河过境的中俄漠大石油运输管线（包括正在开展前期工作的中俄原油管道复线工程）；从黑河市过境的中俄东线天然气运输管道。这为黑河市引入俄天然气、建设"燃气黑河"提供了有利机遇。

（六）电网通道建设方面

国家提出建设黑河中俄边界跨境国际输电线路以及哈尔滨—唐山北电南送输电线路，这为黑河市保持俄电加工园区用电优势，大力发展俄电加工提供了有利机遇。

（七）哈绥北黑产业聚集带建设方面

黑龙江省提出以绥化、北安、黑河等城市为重要节点，包含绥棱、海伦、五大连池、孙吴等经济区域，重点发展原材料加工、绿色食品、轻工纺织、新型建材和商贸物流等产业，建设黑河市利用俄电力为能源的"新兴基础原材料加工区"和利用俄油建设石油化工综合体，打造外向型产业聚集区、对外商品集散地、循环经济示范区和休闲度假胜地。这为黑河市加快推进中俄跨境经济合作区申报工作，支持月星集团与黑河市和阿州共同打造"中俄跨境产业合作区"，争取早日建成保税物流中心（B型），加快建设边境仓、海外仓，建设自由贸易港，实行高水平的贸易和投资自由化便利化政策，培育贸易新业态新模式，促进国际产能合作，构建跨境特色产业链，依托俄油、俄气、俄煤等在黑河市过境大项目打造项目总部基地及前沿服务基地，注入了强劲动力。

第二节　东北老工业基地振兴等国家政策
带来的新机遇

　　近年来，国家陆续出台了一系列如振兴东北地区等老工业基地的扶持政策，为黑河市扩大对外开放、加快经济发展创造了机遇。

一　全面振兴东北地区等老工业基地的政策与机遇

　　2003 年，国务院下发《关于实施东北地区等老工业基地振兴战略的若干意见》，确立振兴东北的指导思想、方针任务和政策措施，为黑河市抢占对外开放先机提供了方向引领。2007 年，国务院批复《东北地区振兴规划》，针对东北地区振兴中存在的突出矛盾和问题，从改革开放、结构转型升级、区域合作、枯竭型城市建设等方面完善加快东北地区振兴的政策措施，为黑河市拓展经贸合作领域、扩大吸引外资规模、提高对外开放水平创造了发展机遇。2013 年，国务院批复《黑龙江和内蒙古东北部地区沿边开发开放规划》，提出"加强满洲里国家重点开发开放试验区建设，推进绥芬河、黑河开发开放试验"的规划目标，为黑河市充分利用独特区位优势和现有合作基础，谋划设立重点开发开放试验区、打造沿边地区重要经济增长领域提供了政策依据。2014 年，国家出台《国务院关于近期支持东北振兴若干重大政策举措的意见》，提出扩大向东北亚区域及发达国家开放合作，支持"在具备条件的地区建设综合保税区和跨境经济合作区"，为黑河市加强同俄远东开发合作、谋划推动综合保税区和跨境经济合作区等重要平台建设、全面提升开放层次和水平奠定了政策基础。2016 年 4 月，中共中央办公厅、国务院办公厅联合下发《中共中央　国务院关于全面振兴东北地区等老工业基地的若干意见》（中发〔2016〕7 号），从着力完善体制机制、着力推进结构调整、着力鼓励创新创业、着力保障和改善民生、切实抓好组织落实等方面提出系列支持东北振兴的政策举措，其中多项政策惠及黑河市。

（一）完善体制机制方面

国家将大力推进投融资体制改革，积极推广政府和社会资本合作（PPP）模式，为扩大产业引导基金规模，采用 PPP 模式融资，撬动社会资本支持黑河市发展带来了机遇。同时，国家将研究在东北地区符合条件的地方设立自由贸易试验区，提高边境经济合作区、跨境经济合作区发展水平，这为黑河市一批重大项目和重大政策诉求上升为国家战略奠定了良好基础。

（二）推进结构调整方面

国家将安排中央预算内资金支持园区基础设施建设，这有利于黑河市加快特色园区建设，提升产业承载能力。国家鼓励东北地区发挥优势，加快发展旅游、养老、健康等特色产业，这对黑河市加快优势潜力释放，培育壮大健康养老产业带来了机遇。国家将实施东北地区低标准铁路扩能改造工程，改善路网结构，提升老旧铁路速度和运力，规划建设东北地区沿边铁路，这为加快推进北黑铁路升级改造项目带来了利好。

（三）鼓励创新创业方面

国家将积极营造有利于创新的政策环境，全面持续推动大众创业、万众创新，为黑河市鼓励创新创业，推动产业创新、产品创新和业态创新等营造了良好氛围。此外，在保障和改革民生、加大政策扶持方面，国家将继续加大对东北地区的倾斜力度，为黑河市推动"大众创业、万众创新"提供了难得的机遇。

二　支持沿边重点地区开发开放的政策与机遇

2015 年 12 月，国务院印发了《国务院关于支持沿边重点地区开发开放若干政策措施的意见》（国发〔2015〕72 号），提出多项支持沿边重点开发开放的政策举措，为扩大沿边开发开放水平带来机遇。

（一）提升要素流动便利化方面

国家将加大简政放权力度，明确提出"简化沿边道路、桥梁建设等审批程序"，对加快北黑铁路升级改造等重大项目前期审批速度带来了机遇。国家明确提出，将着力提高重点沿边地区投资、贸易、人员往来等相关方面的便利化水平，这为设立黑河—布市跨境经济合作区提供了政策依据。

（二）推动特色优势产业发展方面

国家将实行有差别的产业政策，支持在沿边地区优先布局进口资源落地加工项目，为黑河市深化对俄资源能源合作，打造国家重要的战略资源能源储备基地带来了利好。国家将对符合产业政策的重大项目，在建设用地计划指标安排上予以倾斜，为黑河市破解项目落地难、发展空间不足问题提供了机遇。

（三）促进旅游业繁荣发展发面

国家支持研究发展跨境旅游合作区，支持探索建设边境旅游试验区，当前黑河市正在加快推进的旅游重点工作与之高度契合。

（四）加强基础设施建设方面

国家支持互联互通项目建设，并着力加强边境口岸城市航空口岸能力，这有利于黑河市加快推进对俄基础设施互联互通，提升黑河机场和口岸功能。

（五）加大财税支持力度方面

对重点沿边地区，国家将增加中央财政转移支付规模，强化中央专项资金支持。比照执行西部开发相关政策，黑河市将获取更充分的政策资金支持。

三　兴边富民行动的政策与机遇

2017年5月，国务院办公厅印发《兴边富民行动"十三五"规划》（以下简称《规划》），就推动边境地区发展进行系统谋划，提出一系列政策举措，为黑河市加快振兴发展和扩大开放带来了机遇。

（一）有利于完善交通设施

《规划》提出将加强边境地区综合交通运输体系建设，为黑河市加快推进沿边铁路、北黑铁路升级改造、北黑铁路与俄远东铁路网联通、黑河国际航空港等项目建设带来了机遇。

（二）有利于发展旅游康养产业

《规划》提出将推进边境地区特色服务业发展，推动建设边境旅游试验区、跨境旅游合作区和全域旅游示范区，支持边境地区特色文化产业和旅游业融合发展，开发高品质特色旅游产品，为黑河市发挥良好丰富的资源和良好生态优势，加快设立边境旅游试验区，创建全域旅游示范区，培育壮大康疗养生产业创造了良好政策条件。

（三）有利于争取政策资金支持

国家充分考虑边境地区特殊需要，加大对边境地区转移支付力度，推进地区间基本公共服务均等化。加大对边境地区基础设施、城镇建设、产业发展、民生保障等方面的支持力度，研究提高对边境地区铁路、民航、能源、信息等建设项目投资补助标准或资本金注入比例。边境地区国家重点基础设施建设项目新增建设用地计划指标由国土资源部直接安排，保障用地需要等。这些都为黑河市在争取政策、资金、项目上提供了难得的机遇。

四　守边固边使命的政策与机遇

2017 年 9 月，中共中央办公厅、国务院办公厅联合印发《关于加大边民支持力度促进守边固边的指导意见》（中办发〔2017〕53 号）（以下简称《指导意见》），提出一系列有利于边境地区发展的政策举措。

（一）有利于改善边民生产生活条件

《指导意见》提出加快推进边境地区保障性住房建设，全面执行住房节能保温建设标准，这为实施黑河市棚户区改造以及农村泥草房改造项目提供了政策依据。《指导意见》提出加快通村路、巡逻路、资源路、旅游路建设，这为黑河市加快推进黑河市边境村镇农村公路建设工程等项目前期工作，尽快完成五大连池风景区—逊克大平台雾凇景区旅游路等重点项目前期手续，适时向上对接有关政策及申报专项资金支持带来有利契机。

（二）有利于提升边民基本公共服务水平

《指导意见》提出加大投入力度，创新适应边境地区的城乡养老服务模式，这为黑河市争取国家和省级资金向边境地区倾斜，提高对本地区养老服务项目支持比例提供了政策保证，同时，也有助于加快推进黑河市中俄国际养老城等对俄旅居养老项目建设。

（三）有利于促进边民就业增收

《指导意见》提出大力发展边境旅游业，充分挖掘边境特色旅游资源，这为黑河市开发生态、冰雪、农业观光、康养、历史文化、民俗、边境等旅游产品，推进瑷珲乡野公园等项目建设创造了发展机遇。

（四）有利于加强边境地区重大基础设施建设

《指导意见》提出统筹考虑边境地区路网布局，稳步推进与周边国家互联互通、与内地交通运输联系的大通道项目建设，这为加快推进黑龙江公路大桥、跨江索道建设以及北黑铁路升级改造、黑河至乌伊岭沿边铁路等项目实施，开展中俄跨境铁路前期研究工作，提升黑河市与俄远东地区和国内毗邻地区的互联互通水平带来机遇，同时也为争取将黑河市边境县（区）重大交通基础设施项目纳入省和国家专项发展规划创造了有利契机。《指导意见》提出加强能源开发利用和跨区域输送通道建设，这为黑河市积极推进光伏发电、风电等项目建设以及阿穆尔—黑河边境油品输油管道等跨境能源基础设施建设提供了政策支持。

（五）有利于加快沿边开发开放步伐

《指导意见》提出支持边境地区积极融入"一带一路"倡议，加强边境口岸建设，这为黑河市加快推进黑龙江大桥桥头区口岸基础设施建设带来机遇。《指导意见》提出支持边境开放合作平台建设，明确提出支持黑河市设立重点开发开放试验区，与黑河市正在推进的工作高度契合，为尽快设立重点开发开放试验区，打造开放发展新平台提供了政策依据。

第三节　俄罗斯加大远东开发力度与新阶段的中俄合作

俄罗斯远东地区地域辽阔，西括勒拿河主要流域，东至白令海峡，与美国阿拉斯加州贴近，北临北冰洋，南部同中国黑龙江省、朝鲜咸镜北道接壤，同日本北部地区隔海相望，总面积 621.59 万平方公里，约占俄罗斯国土总面积的 37%，人口约为 629 万人，约占俄罗斯人口总数的 5%[①]，包括萨哈共和国（雅库特）、阿穆尔州、犹太自治州、滨海边疆区、哈巴罗夫斯克边疆区、萨哈林州、马加丹州、楚科奇自治区、堪察加边疆区九个联邦主体。

普京总统曾指出，"远东振兴是整个 21 世纪俄罗斯国家发展的优先方向"[②]。2012 年 4 月普京第三个总统任期以来，俄罗斯政府高度重视远东地区开发，逐步将远东开发提升到国家战略层面高度，先后出台了一系列国家规划，完善机构、出台法

---

① 数据来自俄罗斯远东发展部网站（https：//minvr.ru/）。

② Путин назвал подъем Дальнего Востока важнейшим национальным приоритетом：Общество：Россия：Lenta.ru（https：//lenta.ru/news/2015/12/03/far_east/）.

规、扩大宣传、拓展合作领域等多措并举，对远东开发的支持力度史无前例。

一　俄罗斯远东开发的战略意图

俄国启蒙学者罗蒙诺索夫曾指出，俄罗斯的繁荣有赖于西伯利亚和远东，这一地区是俄罗斯经济发展战略前沿阵地，承载着国家稳定安全与复兴的重要使命。从沙俄时期开始至当今俄罗斯，远东地区的开发、开放与发展，一直是俄高层领导人关心关注的重要问题。俄政府曾采取多重举措促进远东地区开发，取得了一定成效，但是长期以来，俄罗斯开发远东言大于行，受制于国内外多种因素的影响，远东地区经济社会发展水平仍然落后于俄罗斯西部地区。

沙俄时期，俄罗斯远东地区主要通过移民和筑路的方式进行早期开发，目的是有效占领远东广袤的领土①，增强对远东地区的管控。苏联时期，远东地区作为军事战略基地的作用凸显，"在苏维埃时期，这一作用使远东几乎变成有特殊出入制度的秘密地区"②，其结果是经济发展活力受到限制。1986年戈尔巴乔夫在符拉迪沃斯托克（海参崴）讲话中宣布，开放远东使其融入太平洋经济社会一体化，远东地区由"封闭"走向了"开放"。苏联解体后，俄罗斯失去了一大部分港口，相比于欧美经济的衰退，亚太经济迅速发展，美国等西方国家都将目光投向了亚太市场，俄罗斯远东因其在亚太地区的特殊地理位置，不仅成为国家的军事战略据点，更成为俄罗斯面向太平洋的经济

---

① 杨文兰：《俄罗斯远东地区开发的历史变迁》，《西伯利亚研究》2014年第1期。

② ［俄］П. А. 米纳基尔：《俄罗斯远东经济概览》，对外贸易经济合作部东欧中亚经贸合作研究咨询组译，对外经济贸易出版社1995年版，第3页。

战略要地①。2012 年普京第三任期开始后，基于对地区安全与稳定、东西部经济社会平衡发展、维护国家利益的考量，在远东开放发展方面多措并举，掀起了新一轮俄罗斯远东地区开发热潮。

俄罗斯远东地区的崛起是国家发展最复杂的战略任务之一，远东地区的发展状况将直接影响俄罗斯国家整体政治、经济、社会的安全、稳定与发展，甚至会对东北亚区域经济格局产生重要影响。可以说，俄罗斯远东地区开发使命重大，意义深远。

（一）维护地区稳定与安全

维护俄罗斯东部尤其是远东地区稳定与安全，是俄罗斯制定远东开发战略的主要出发点。俄罗斯远东地区幅员辽阔，不仅资源丰富，而且战略地位十分重要，是俄罗斯通向亚太的前沿，但是，这个前沿地带的发展却受到来自自身经济困境、历史遗留问题争端、美国为首的西方威胁等多种因素的制约。

由于地广人稀，偏离俄罗斯西部经济中心地区，俄罗斯远东地区经济发展明显落后于俄罗斯西部中心区，成为国家经济社会稳定与发展的"绊脚石"②。与俄罗斯远东地区相邻的东北亚其他国家和地区之间仍存在领土争端等历史遗留问题。美国"重返亚太"战略对俄罗斯远东地区稳定与发展，以及在亚太地区利益构成了一定威胁。因此，维护远东地区稳定与安全，维护国家领土完整，维护地区影响力与国家利益是俄罗斯实施远东开发战略的首要考量。

（二）促进经济社会协调发展

俄罗斯地域幅员辽阔，但是地区间经济社会发展不平衡。

---

① ［俄］П. А. 米纳基尔：《俄罗斯远东经济概览》，对外贸易经济合作部东欧中亚经贸合作研究咨询组译，对外经济贸易出版社 1995 年版，第 3 页。

② Ямилов Р. М. Вариантный анализ развития Дальнего Востока России（http：//ekonomika. snauka. ru/2014/11/6256）.

远东地区虽然拥有资源优势，但是人口密度不大，经济发展落后。近年来亚太尤其是东北亚地区经济潜力与活力越来越凸显，世界政治经济的中心正在逐渐聚焦于此，俄远东地区有位于活跃的亚太经济圈的天然地理优势，从地缘政治经济角度考虑，远东地区发展必然离不开亚太，进一步讲离不开与近邻的东北亚地区各国间合作。

俄罗斯参与亚太经济一体化的主要目的在于，同东北亚相邻国家和地区建立统一经济区，以此分配利用参与国际合作各方的资源、资本、技术优势，促进自身经济结构调整，使经济发展步入正轨，进而提高远东地区居民的生活水平①。出于经济利益的考量，俄罗斯只有"向东看"，只有融入亚太，加强与地区各国间合作与联系，利用外部经济增长带来的机遇，促进远东地区经济活力的提升与经济进步，最终促进整个俄罗斯经济的协调发展。

（三）重塑俄罗斯在亚太地区影响力

俄罗斯对于自身身份一直存在认同困境，国家发展"向西"还是"向东"？这一争论一直存在。叶利钦时期俄罗斯曾尝试全面融入欧洲，实行面向西方的"一边倒"方针，但是不仅受到了挫折，也给国家经济带来重创。进入 21 世纪后，亚太地区国家经济迅猛发展，俄罗斯高层和政治精英普遍认识到"21 世纪将是亚太世纪"②，此外，受到美国"重返亚太"战略的利益威胁，乌克兰危机发生后以美为首的西方的持续制裁，加剧了俄罗斯转向东方的步伐。俄罗斯要重新崛起，必须要融入亚太，因此开始实行"全方位""双头鹰"的对外政策，重塑俄罗斯

---

① ［俄］В. И. 伊沙耶夫、П. А. 米纳基尔：《俄罗斯远东：经济发展的现实与可能性》，徐景学等译，黑龙江省社会科学院西伯利亚研究所内部发行 1998 年版，第 106 页。

② 贾大猛、宋思雨、周瑜等：《新时期中俄地区合作与发展：基于城市的视角》，知识产权出版社 2014 年版，第 12 页。

在亚太地区的影响力。远东地区因其地缘政治经济优势，必然成为俄罗斯扩大在亚太地区影响力的前沿阵地。有俄罗斯学者表示，当前俄罗斯政府对远东地区的关注和投入是前所未有的，远东开发成果初现，正在成为俄罗斯经济增长的火车头，俄罗斯融入亚太一体化程度正在提高①。

二　俄罗斯远东开发的战略举措

俄罗斯国家经济发展也经历了"三步走"的过程：普京初任俄罗斯总统时，主要任务是恢复国家经济，让国家"站起来"；普京第二总统任期时，力求保持经济的稳定增长，让国家"富起来"；梅普组合时期、普京三任总统以后，通过扩大对外开放、进行区域整合、开发远东等举措，正在让国家逐步"强起来"。可以说，开发远东是国家经济逐步恢复发展过程中的题中之义和必然之举。

进入 21 世纪，随着远东发展部的设立，各项国家规划的生效，具体法律法规的颁布以及对外合作项目的落实，俄罗斯多措并举，新一轮俄罗斯远东开发战略进入实质性发展阶段。

（一）出台战略规划纲要

俄罗斯独立之初，社会长期动荡，国家经济发展一度陷入困境，远东地区更是陷入了严重的经济社会危机，与国内其他地区联系减弱，生产力大幅下降，而国家通过"休克疗法"并未达到向市场经济迅速转变的目的，反而加剧了远东地区经济危机，在这样的形势下俄联邦政府于 20 世纪 90 年代中期出台了《1996—2005 年远东及外贝加尔地区经济社会发展联邦专项纲要》，主要目的是利用远东地区资源优势，建立起现代化的经

---

① Дальний Восток: стратегический приоритет российского государства—EastRussia（https://www.eastrussia.ru/material/dalniy-vostok-strategicheskiy-prioritet-rossiyskogo-gosudarstva/）.

济基础，同时参与亚太经济一体化，该纲要的出台拉开了远东地区开发的序幕，但受制于多种因素的影响，纲要大部分内容未能落实。进入 21 世纪，在修订《1996—2005 年远东及外贝加尔地区经济社会发展联邦专项纲要》基础上，俄罗斯开始实施新的东部大开发战略，于 2007 年 9 月出台了《2013 年以前远东及外贝加尔地区经济社会发展联邦专项纲要》，旨在维护俄罗斯的地缘战略利益，维护国家安全。2010 年 1 月，时任俄罗斯总理普京批准实施《2025 年前远东和贝加尔地区社会经济发展战略》，战略实施时间延长至 2025 年，将发展远东和贝加尔地区提升为国家长期发展战略，标志着远东开发战略的深化。2013 年，俄罗斯政府公布了《俄罗斯远东和贝加尔地区社会经济发展国家规划》，该规划包含《2018 年前远东和贝加尔地区经济和社会发展计划》和《千岛群岛社会经济发展计划》两个联邦专项计划和 12 个子计划，其要旨依然是发挥远东地区地缘、资源优势，通过对外开放，融入亚太，维护俄罗斯国家安全与地缘政治经济利益。这些规划纲要的出台，为远东地区开发绘制的蓝图，有助于具体工作的开展、调整和落实。

（二）成立领导协调机构

为落实远东开发战略，俄罗斯政府于 2007 年成立了"远东和外贝加尔地区发展问题委员会"，由时任总理米·弗拉德科夫担任主席，其他政府要员担任委员。该委员会的职责是围绕远东开发问题，协调远东和外贝加尔地区各相关联邦区的机构活动，制定和实施该地区经济社会发展规划，监管审议地区经济活动等。2012 年，新一届俄罗斯政府调整机构设置，新增了"远东发展部"，首任部长由俄罗斯总统驻远东联邦区全权代表伊沙耶夫兼任，远东发展部专门管辖俄罗斯远东地区发展事务，在联邦政府层面为远东发展出台政策方针，这意味着俄罗斯已经把远东开发提高到国家战略层面高度，远东发展部的设立旨在加强俄罗斯中央政府对远东地区开发的直接领导，提高对远东开发的治理能力。2013 年，普京总统任命特鲁特涅夫为俄联邦政府副总理，兼任俄总统驻远东联邦区全权代表，远东发展部部长由加卢什卡担任，为进一步加强远东开发的国家意志，俄罗斯又成立了"远东地区社会经济发展问题政府委员会"，同远东发展部一起分别负责远东开发的决策和执行工作。专门领导协调机构的设立为远东开发创造了良好的制度和政策环境，同时提供了组织保证①。

（三）制定法律法规

随着远东开发的深入，俄联邦政府制定了一系列配套法律法规，为远东地区开发提供法制支撑。从 2013 年开始，俄罗斯先后出台了《超前发展区法》《远东税收法》《符拉迪沃斯托克自由港法》《远东土地分配法》等法案，旨在为远东地区经济社会发展创造稳定良好的环境，提高远东地区对外投资合作可信度和吸引力，进而促进远东开发工作的有效落实，更好维护地区安全、稳定与发展。

（四）加大宣传力度

俄罗斯还注意为远东开发造势，提高其国际影响力。2012年，俄罗斯耗资 200 多亿美元在符拉迪沃斯托克（海参崴）举办了 APEC 会议，吸引了全世界的目光，成功为远东边区提升国际知名度与影响力创造了机遇。从 2015 年开始，俄罗斯在符拉迪沃斯托克（海参崴）每年举办一届"东方经济论坛"，使之成为继"圣彼得堡经济论坛"后又一重要国家经济论坛，为拉动远东地区投资和招商创造了良好条件。这些国家行为的宣传举措不仅提高了远东地区的国际知名度，也为远东地区招商引资创造了良好条件。

（五）设立跨越式发展区与自由港

2014 年 12 月 29 日，俄罗斯颁布了第 473 - Φ3 号联邦法

---

① 郭连成：《俄罗斯东部开发新战略与东北亚经济合作研究》，人民出版社 2014 年版，第 155 页。

《俄联邦跨越式社会经济发展区法》（以下简称《发展区法》），
该法是建设跨越式发展区（以下简称"发展区"）的法律依据。
发展区是联邦主体的一部分，可以建立在一个联邦主体境内的
一个或者多个地方自治组织用地上。建区的批准机关为俄联邦
政府，建区期限为 70 年，但可根据联邦政府令适当延长。在发
展区内实行优惠税制、简化行政手续和享受其他优惠政策，旨
在招商引资、加快经济发展和改善居民生活水平。入驻经营者
是在发展区内根据俄联邦立法进行国家登记注册，签订入区经
营协议并被录入发展区企业名录的私营企业和法人商业组织。
目前，俄罗斯联邦政府在远东联邦区已批准 18 个发展区，入驻
企业数量 192 个，投资总额 21320.43 亿卢布，可提供 38140 个
工作岗位，投资商来自俄罗斯、中国、日本、韩国、澳大利亚、
立陶宛、塞浦路斯和新加坡等国家。

　　俄总统普京于 2015 年 7 月份签署了《关于符拉迪沃斯托克
自由港的法律》。自由港包含俄滨海边疆区 22 个下属行政区中
的 15 个。该法从根本上简化了进出口贸易手续，并提供系列优
惠政策。自由港达效后，将新增 35 万个工作岗位。2016 年 7 月
份，哈巴罗夫斯克边疆区的瓦尼诺区、萨哈林州的科尔萨科夫
市、堪察加边疆区的堪察加彼得罗巴甫洛夫斯克市、楚科奇自
治区的佩韦克市和滨海边疆区的拉佐夫斯基区获得了自由港地
位。自 2017 年 7 月 1 日起，自由港制度推广到了萨哈林州的乌
格列戈尔斯克市。俄联邦远东发展部长加卢什卡此前曾一再指
出，远东发展部计划继续扩大自由港的边界，并完善自由港机
制。俄联邦远东发展部副部长卡恰耶夫 2017 年 8 月在雅库茨克
参加俄罗斯安全委员会秘书帕特鲁舍夫主持的会议时称，俄罗
斯远东发展部正在研究将符拉迪沃斯托克自由港制度推广到布
拉戈维申斯克市和布拉戈维申斯克区各边境口岸的可行性问题。
卡恰耶夫说，将自由港制度推广到布拉戈维申斯克将有利于城
市、地区和整个远东的发展。这项工作应该在继续为边境地区

经济活动建立特别法律制度的背景下进行。

三　俄罗斯远东开发战略落实结果

当前，俄罗斯远东开发取得了较大进展，成果初步显现。一是投资环境取得改善，发展程度提升。在 2017 年 3 月举办的俄罗斯联邦远东发展部年度大会上，俄副总理兼总统驻远东联邦区全权代表特鲁特涅夫发言表示，"30 项联邦法律，150 项政府决议的施行基本上为远东地区发展营造了一个新的经济空间，形成了具有竞争力的投资环境，使得远东地区发展程度越来越高。远东地区正在以良好势头加速推进发展"[①]。二是吸引投资能力增强，发展速度加快。俄远东发展部部长加卢什卡曾指出，"得益于远东地区新的经济政策，过去 4 年间远东地区吸引了 3.7 万亿卢布的私人投资，产生了 1200 个新投资项目，创造了 12 万个新岗位。与此同时，成立了 100 家新企业，到 2018 年年底，这一数字将增加到 200 家。过去 4 年中，远东地区年经济增长均领先全俄水平"[②]；历届东方经济论坛的举办也为俄罗斯远东地区吸引外资，加强同亚太尤其是东北亚地区国家合作提供了良好的平台，2017 年第三届东方经济论坛举办期间签订的协议数量和投资数额创造了历史纪录，比 2015 年时翻了一番，同时最重要的是，这些合作协议正在逐步落实，将为远东经济发展创造良好机遇[③]。三是改善民生效果初现，人口降速放缓。随着远东地区民生工程的推进，民众在住宿、医疗、交通、就业等方面获得实

---

① Во Владивостоке прошло итоговое заседание коллегии Минвостокразвития России（ФОТОСЮЖЕТ）（https：//minvr. ru/press-center/news/13329/）.

② Заседание итоговой коллегии Минвостокразвития России（СТЕНОГРАММА）（https：//minvr. ru/press-center/news/13450/）.

③ ВЭФ-2017：итоги 》Экономические термины（http：//econom-termin. ru/novosti-jekonomiki/2246-vjef-2017-itogi. html）.

益，近年来远东地区人口下降状况有所改善，"一公顷土地"政策的实施更是吸引了不少远东新居民。据俄罗斯官方数据统计，自 2017 年 2 月以来，已有超过 10.8 万名俄罗斯人申请了远东土地，在阿穆尔州，迄今已经分发了约 5 千公顷土地，几乎一半的"一公顷土地"所有者打算建造私人农场，约 40% 的申请者想要在远东地区建造房屋，开垦农田①。随着《远东土地分配法》的逐步落实，远东地区人口下降趋势有望扭转。

四 俄罗斯远东开发搭乘中国顺风车

传统上，俄罗斯同欧洲的经济关系相较而言更为紧密，但是近年来俄欧经济联系疲态开始显现，尤其是乌克兰危机爆发后，受到以美国为首的西方制裁等多重因素影响，俄罗斯这只双头鹰的目光开始投向东方。亚太地区尤其是东北亚地区经济发展较为稳定、迅速，并且对于俄罗斯资源市场需求较大，与此同时，中国"一带一路"倡议、加强东北振兴等方案的提出，无疑给俄罗斯经济发展，尤其是远东地区开发带来了新的机遇和平台。有俄罗斯学者认为，俄罗斯的繁荣有赖于西伯利亚和远东地区，而西伯利亚和远东地区繁荣离不开同快速发展的中国的合作②。

当前，俄罗斯和中国之间关系已经进入了一个新的更高水平，两国之间在各领域保持着密切合作，具有高度的政治互信。俄罗斯和中国是友邦又是近邻，经济互补性很强，目前中国已成为俄罗斯第一大贸易伙伴，与东北亚其他地区国家相比，远东地

---

① Дальний восток президентского внимания：почему регион поддержал владимира путина — амурская правда（https：//amprav-da. ru/2018/03/22/80877. html）.

② РСМД：Дальний Восток станет модным（http：//russiancoun-cil. ru/analytics-and-comments/comments/dalniy-vostok-stanet-modnym/？sphrase_ id =10281861）.

区与中国有着更紧密的联系，加强同中国的经贸合作应当成为远东参与亚太国际分工的主要途径。俄罗斯学者曾指出，"目前，美国对俄罗斯的兴趣主要在西部地区，而不在东部，因而只在马加丹州和堪察加边疆区保持着最低限度的存在；日本如果继续把政治问题放在第一位，其中包括要求归还北方四岛，那么，就不会从俄罗斯得到更多的东西；韩国市场及其经济潜力目前还不能满足俄罗斯远东和东西伯利亚经济综合发展的需要，只有在朝鲜半岛统一以后才可能解决问题，在这样的情况下，只有中国才有可能成为俄罗斯在远东唯一的重要合作伙伴"①。

开展同中国的合作，进一步开发俄罗斯远东地区，对于俄罗斯贯彻国家经济发展战略、实现经济现代化、融入亚太地区经济空间，都具有十分重要的意义②。普京总统在北京出席于2017年5月举办的"一带一路"国际合作高峰论坛时曾表示，"对于莫斯科来说，与中国的合作将为远东和西伯利亚欠发达地区的现代化发展提供机会，这些地区需要投资和现代化的基础设施"③。俄罗斯加快远东地区开发也为中俄之间的经贸和跨国区域合作创造了绝好的机遇，俄方也希望中国从战略层面和务实合作角度考虑，积极参与到俄远东开发进程中——扬帆搭乘"中国风"——普京用这个比喻描述两国关系十分贴切④。

---

① ［俄］A. B. 奥斯特洛夫斯基、殷剑平：《在全球经济一体化条件下俄罗斯远东区域政策的发展前景》，《俄罗斯中亚东欧市场》2004 年第10 期。

② ［俄］M. Л. 季塔连科：《亚太地区的稳定合作与俄中利益》，载李铁、朱显平《新形势下中俄区域合作研究》，吉林人民出版社 2014 年版，第 5 页。

③ Путин в Пекине: как Россия встраивается в китайский Шелковый путь:: Политика:: РБК（https://www.rbc.ru/politics/14/05/2017/59159e0d9a7947318586f81f）.

④ 《俄中友协主席：中俄关系被普京视为特别优先》，2013 年 3 月20 日，环球网，http://world.huanqiu.com/regions/2013 – 03/3749106.html。

五　黑河市参与俄罗斯远东开发的优势

（一）黑河市与俄罗斯阿穆尔州的贸易商品结构存在互补性

阿穆尔州产业结构的形成与其拥有的资源禀赋有着密不可分的联系。在阿穆尔州的产业结构中，主导产业部门为农业、采矿业、制造业、水电气业、运输与通讯业、建筑业、批发零售业。具体而言，农业主要包括种植业与畜牧业。工业生产的核心是采矿业、水电气业与制造业，其中，采矿业主要包括燃料能源矿物的开采与金属矿物的开采；制造业主要包括有色冶金、机械制造、金属加工、木材加工与食品工业；水电气产业主要以水力发电与火力发电为主。从地区生产总值结构来看，运输与通信业、采矿业、建筑业、批发零售业与农业占比较高。虽然不同年份这些行业的占比不同，但就总体情况而言，这些行业的占比变化并不大，可以说基本保持了稳定。

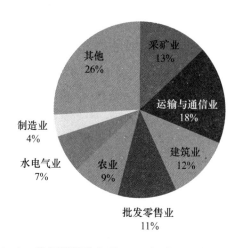

图 4-1　俄罗斯阿穆尔州 2016 年地区生产总值结构

资料来源：http：//mer. amurobl. ru/ckeditor_ assets/attachments/1647/vrp_ v_ 2016_ godu. pdf。

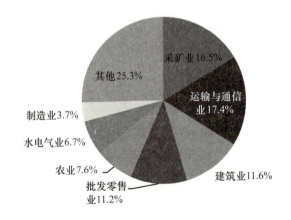

图 4 - 2　俄罗斯阿穆尔州 2015 年地区生产总值结构

资料来源：http：//orv. gov. ru/Regions/Details/73。

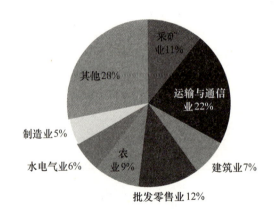

图 4 - 3　俄罗斯阿穆尔州 2014 年地区生产总值结构

资料来源：https：//pptcloud. ru/ekonomika/analiz - ekonomicheskogo - sostoyaniya - amurskoy - oblasti。

　　需要指出的一点是，尽管工业生产是拉动阿穆尔州经济发展的主要动力，但是该地区的工业生产多为低附加值的原料型生产。与工业生产相比，该地区农业与服务业的发展比较缓慢。阿穆尔州农业生产活动多以传统生产方式为主，农业发展的物质与经济基础比较薄弱，农业生产的加工服务能力也比较低。此外，该地区的服务业多以传统形式为主，现代服务业的发展水平较低。总体来看，阿穆尔州地区的产业结构并不合理，而且这一状况在短期内很难改变。与阿穆尔州工业生产占主导的情况不同,在黑河市的产业结构中,占主导地位的是农业生产,其次为服务业与工业。

在黑河市的对俄贸易中,主要出口产品为机电产品、农副产品、电缆、服装、汽车、纺织制品、塑料编织袋、钢材、橡胶轮胎、高新技术产品、果蔬、鞋类;主要进口产品为电力、农副产品、木材、粮食、纸浆、化工原料、铁矿砂、食用植物油、大豆、机电产品、成品油。① 在阿穆尔州的外贸活动中,主要出口商品为矿产品、燃料能源产品、食品与原材料、木材与纸制品、金属与金属制品,主要进口商品为机器与交通运输设备、食品与原材料、化学工业品与橡胶、金属与金属制品、纺织品与鞋类等。阿穆尔州的主要贸易伙伴包括中国、蒙古、韩国、日本、白俄罗斯、芬兰、加拿大等国。② 在对华贸易中,阿穆尔州的主要出口产品为电力、大豆、原木、铁矿与金矿,主要进口产品为推土机、挖掘机、卡车、橡胶轮胎、碳钢复合板、新鲜水果。由此可知,黑河市与阿穆尔州的贸易商品结构存在一定的互补性。此外,阿穆尔州与黑河市的贸易商品多以低附加值产品为主,且贸易结构较为单一。

(二)黑河市与俄罗斯布拉戈维申斯克城市规模相当、合作前景广阔

阿穆尔州(简称阿州)位于俄罗斯远东联邦区南部,西邻外贝加尔边疆区,北接萨哈(雅库特)共和国,东与哈巴罗夫

① 参见《2017 年全市对外贸易运行情况》,2018 年 1 月 22 日,黑龙江省商务厅网站,http://heihe.mofcom.gov.cn/article/shuju/201801/20180102701817.shtml。

② 《Обзор внешнеэкономической деятельности Амурской области за 2017 год》,http://dvtu.customs.ru/index.php? option = com_content&view = article&id = 23702:2017 - &catid = 294:2017 - 04 - 12 - 04 - 43 - 47&Itemid = 306.

斯克边疆区和犹太自治州相连，南与中国黑龙江省交界。阿州领土面积 36.37 万平方公里，占俄联邦领土总面积的 2.13%，居俄罗斯联邦第 14 位。行政单位数量为 20 个行政区、7 个州附属市、2 个区附属市、32 个城镇、267 个行政农庄，总人口 80.18 万（2016 年数据）。布拉戈维申斯克市（简称布市）是阿穆尔州首府，俄罗斯远东第三大城市，市区面积 105 平方公里。人口 22.4 万（2015 年数据）。黑河市总面积 6.87 万平方公里，辖北安、五大连池、嫩江、孙吴、逊克和爱辉 2 市 3 县 1 区，总人口 162.8 万（2016 年数据），市区建成区面积 20 平方公里、常住人口 18.7 万。黑河市和布拉戈维申斯克市都是各自边境地区的政治、经济、文化中心，两个城市经济结构完整、人口规模相当，同处于东北亚经济圈中心地带，为黑河市更好利用两国市场、两国资源，更好参与俄远东资源开发、项目合作、人文交流等奠定了坚实基础。

布拉戈维申斯克市是俄罗斯远东地区重要的工业与贸易中心，其经济发展水平一直位于远东地区的前列。布市经济发展主要依靠工业、贸易、建筑业与旅游业的拉动。在布市经济结构中，工业生产占比 53%，旅游业占比 7%，交通运输业占比 6.3%，建筑业占比 4.1%。① 布市工业生产主要以制造业与能源产业为主，二者在整个工业生产中所占比重分别为 56% 与 44%。② 其中，制造业的核心部门是食品生产，能源产业的核心部门是电力生产。布市许多大中型企业都以食品生产为主，而在电力生产方面，除满足自身需求外，还大量输出到中国黑龙江省。布市贸易与旅游业的发展与其所处的独特地理位置密切相关。临近亚太国家的地缘优势，成为布市贸易与旅游业持续

① 《Программа развития приграничных территорий Амурской области до 2025 года》，详见 http://invest.amurobl.ru/info/region-strategy/。

② 同上。

发展的重要推动力。布市的主要贸易伙伴为中国，入境游客也以中国人居多。近年来，贸易与旅游业对布市经济与就业的拉动作用呈逐渐上升的趋势。布市建筑业的发展与其经济发展水平的提高及人口数量的增多有很大关系。随着居民生活水平的提高与北部地区人口数量的增加，布市房地产市场日趋活跃。而房地产市场的活跃直接刺激了建筑业的发展。此外，公共基础设施的完善与服务业的发展，也是带动布市建筑业发展的重要因素。总体而言，布市经济结构呈现出工业优先、服务业迅速发展的特点。

黑河市与布拉戈维申斯克市的合作不仅历史悠久，更是前景广阔。深化黑河市与布市的合作，不仅是双方外向型经济发展的客观需求，同时也是实现东北振兴战略与俄罗斯远东开发战略对接的必然要求。

第一，贸易合作。作为中俄东部边境地区的重要口岸城市，黑河市与布拉戈维申斯克市一直担负着中俄区域合作的重担。在中国"一带一路"倡议与俄罗斯远东开发战略不断深入推进的背景下，黑河市与布市的边贸合作也迎来了新的机遇期。尽管目前两市之间的贸易量较之前有了很大提升，但两市之间的贸易潜力还远未发挥出来。在黑河市与布市经济发展水平不断提升及口岸基础设施不断完善的情况下，双方之间的贸易合作也应该朝着更高水平与更宽领域的方向不断深入。

第二，金融合作。2003 年，中俄边境地区贸易银行结算试点工作在黑河市与布拉戈维申斯克市正式启动。这意味着，在黑河市与布拉戈维申斯克市境内，中国银行与俄罗斯银行可以相互直接进行人民币与卢布的本币结算。本币结算业务的开通，不仅提升了黑河市与布市之间的贸易便利化水平，同时也为黑河市与布市之间开展较高水平的金融合作创造了条件。目前，黑河市与布市之间的合作仍以贸易合作为主，金融合作的水平与层次还处于较低阶段。因此，必须创造条件，大力推进黑河

市与布市之间的金融合作，以此促进双方之间经贸联系的进一
步深化。

第三，国际旅游业合作。黑河市与布拉戈维申斯克市之间
的特殊地理位置及双方各自拥有的丰富旅游资源，为两市之间
国际旅游业的合作奠定了基础。当前，黑河市对布拉戈维申斯
克市实行免签制度，入境布拉戈维申斯克市境内的中国公民也
可以在无需转换国际漫游的情况下使用自己的手机，黑河市与
布拉戈维申斯克市还开通了跨境一卡通业务。除此之外，布拉
戈维申斯克市国际机场即将开始实现电子签证制度，黑河—布
拉戈维申斯克黑龙江大桥也即将于 2019 年开通，中俄两国就黑
河市与布市推行驾驶员免签的问题也在商谈之中。以上这些利
好因素的存在，无疑为黑河市与布市的国际旅游业务合作创造
了条件。

第四，文化交流合作。黑河市与布拉戈维申斯克市之间的
文化交流合作，不仅会促进双方经贸合作的发展，同时也会增
强双方之间的政治互信与友谊。在黑河市与布市的发展战略中，
都把发展彼此间的经贸合作及实现区域经济一体化列为长期目
标，而文化交流合作的发展与深入正是这一长期目标得以实现
的重要推动力。当前，黑河市与布市之间已经连续举办了多届
中俄文化大集活动。除此之外，双方教育部门之间还建立了合
作互访机制。

（三）黑河市进入俄远东地区交通便利

黑河市出境手续方便快捷，乘车船约 10 分钟就能抵达布
市，出入境人数连续多年居黑龙江口岸城市之首。据测算①，从
黑河口岸进入俄罗斯腹地及独联体国家，比从绥芬河和东宁近
1500 公里；进入俄远东人口稠密的地区，比从绥芬河和东宁近

---

① 苏晶等：《黑河—布市：两国一城　共同繁荣》，《中国交通报》
2015 年 8 月 5 日第 1 版。

700 公里。如以哈尔滨为集散地，俄西北部货物到达腾达—斯科沃罗季诺分别分流到满洲里和黑河口岸，经黑河口岸比经满洲里口岸近 644 公里；俄东北部货物到共青城—沃罗洽耶夫卡分别分流到黑河和绥芬河口岸，经黑河口岸比经绥芬河口岸近 152 公里；货物从俄雅库特共和国的雅库茨克发出，经黑河口岸比经满洲里口岸近 2051 公里，比经绥芬河口岸近 1786 公里。因此，黑河市是进入俄罗斯市场理想、便捷的通道和枢纽站，黑河市依托布市便捷的交通网络，可抵达俄远东各城市。

1. 铁路

铁路运输是阿穆尔州两大交通运输方式之一。经阿州境内有两条大型铁路干线，一条是西伯利亚铁路干线，由哈巴罗夫斯克起至滨海边疆区海港；另外一条是巴尔干至阿穆尔州干线，该干线从瓦泥诺站和苏维埃港出发。阿州铁路总长 3331 公里，占远东地区铁路总长的 35.2%。其中 1110 公里为电气化铁路。按每万平方公里计算，阿州所拥有的铁路长度为 82 公里。这一指标既高于远东地区的平均水平（14 公里），也高于全俄的平均水平（51 公里）。

2. 公路

公路运输是阿穆尔州交通运输主要方式之一。阿州公路总长 10473 公里，其中有 67.6% 的硬面公路。客运公用线路共 440 条，总长度 25887.8 公里。从事客运的单位共 782 个，客车数量为 2038 辆，其中 566 个为私营业主（72.4%），拥有的客车数量为 1207 辆（59.2%）。利用公共汽车从事客运的大中型企业共有 28 家（3.6%），其中 10 家为市政企业，18 家为私人所有制企业。

3. 机场

阿穆尔州有布拉戈维申斯克市中心航空站和赖奇欣斯克、腾达、马格达加奇、埃基姆昌航空站。布拉戈维申斯克市有大型现代化机场，开通了可直达莫斯科、新西伯利亚、雅库茨克、伊尔库茨克、符拉迪沃斯托克、哈巴罗夫斯克、克拉斯诺亚尔斯克等 50 多条国内航线，以及飞往日本、韩国、中国、土耳其的国际航线。

4. 航道

阿穆尔州内有四条河运线，内河运输航道总长度 2572 公里，占远东经济区河运线全长的 12.2%。阿州境内现有布拉戈维申斯克港、斯沃博德内港、波亚尔科沃港和结亚港 4 个河运港口，有河运企业 9 家。主要业务为货物运输和加工、旅客运输。[①] 所有港口都可实现对中国的国际货物运输。其中，布拉戈维申斯克港有 5 个千吨级泊位，年吞吐能力达 300 万吨。沿阿穆尔河还有"海河"船队，可以进入日本海，与中国、日本、朝鲜的港口互通。

第四节　新时期的"南联北开"：与广东对口合作

2016 年 11 月 1 日，《国务院关于深入推进实施新一轮东北振兴战略加快推动东北地区经济企稳向好若干重要举措的意见》（国发〔2016〕62 号）中明确提出了"开展对口合作与系统培训。组织辽宁、吉林、黑龙江三省与江苏、浙江、广东三省，沈阳、大连、长春、哈尔滨四市与北京、上海、天津、深圳四市建立对口合作机制，开展互派干部挂职交流和定向培训，通过市场化合作方式积极吸引项目和投资在东北地区落地，支持东北装备制造优势与东部地区需求有效对接，增强东北产业核心竞争力"。新时期的"南联北开"被提上日程。组织东北地区

---

① 《阿穆尔州》，2018 年 1 月 8 日，驻哈巴罗夫斯克总领馆经商室网站，http：//khabarovsk. mofcom. gov. cn/article/dqjj/201801/201801026695226. shtml。

与东部部分省市建立对口合作机制，是以习近平同志为核心的党中央实施东北振兴战略作出的重大战略部署，对推进跨区域合作、促进区域协调发展意义重大。

一　与广东省对口合作为黑河市的发展提供了新机遇

黑龙江省与广东省的对口合作，为实现新时期的"南联北开"提供了有利机遇。2017年3月7日，国务院办公厅下发了《东北地区与东部地区部分省市对口合作工作方案》，方案确定黑龙江省与广东省开展对口合作。按照国务院工作方案的要求，黑龙江省与广东省结合两省省情实际，在共同反复协商的基础上，确定了重点合作领域，形成了《黑龙江省与广东省对口合作框架协议》。2016年12月22—23日，黑龙江省由发改委、工信委、农委、商务厅、金融办等单位负责同志组成代表团赴广东省开展了首次对口合作对接，双方就合作原则、合作领域、推进路径和近期工作等内容进行了座谈交流并形成一致意见，广东省省委常委、时任常务副省长徐少华会见了黑龙江代表团一行。2017年3月15—16日，广东省发改委负责同志带领广东省商务厅、农业厅、省政府驻沈阳办事处等单位一行10人到黑龙江省对接工作，双方就完善合作方案、加强项目合作、推动地方政府合作等问题进行座谈交流并实地调研了两省合作项目，黑龙江省副省长郝会龙、省政府副秘书长赵万山会见了广东省代表团一行。黑龙江省下辖的哈尔滨、佳木斯、绥化、七台河等市也到广东省有关市对接对口合作相关工作。12月14—16日，黑龙江省委书记、省人大常委会主任张庆伟率黑龙江省党政代表团赴广东开展对口合作交流活动。14日，"广东·黑龙江对口合作座谈会暨签约仪式"在广州举行，广东省委书记李希，黑龙江省委书记、省人大常委会主任张庆伟出席并讲话。广东省委副书记、省长马兴瑞，时任黑龙江省委副书记、省长陆昊分别介绍两省经济社会发展及对口合作情况，双方在发改、工信、商务、文化、国资等领域签署了合作协议。

框架协议提出，利用国家鼓励共建国有资本投资运营公司和国有资产市场化运作平台的政策，创造条件鼓励广东省有实力的企业通过多种方式参与黑龙江省国有企业改革、改造、重组和国有企业混合所有制改革试点，促进国有资本与非国有资本相互融合、共同发展。这一合作有利于黑河市引进广东省包括珠海市的企业参与本市国有企业改革，推动国有企业发展。

在民营经济发展方面，框架协议提出，鼓励广东省具备条件的社会资本在黑龙江省依法发起设立中小型银行、金融租赁公司、融资担保公司和互联网金融机构等。这一合作有利于黑河市利用广东省尤其是珠海市民营企业的雄厚实力在本市发展金融机构，拓宽融资渠道。

在涉及对内对外开放方面，框架协议提出，利用国家支持黑龙江省和广东省加快发展对内对外开放合作的重大机遇，共同推进中蒙俄经济走廊、粤港澳大湾区发展建设，推动共建铁路、公路等重大基础设施，共同开拓周边市场，协同推进"一带一路"建设。这一合作有利于黑河市加快对内对外开放步伐，推进跨境互联互通设施、对外经济合作园区建设，有力促进黑河市产业发育壮大。具体可在以下几个方面产生积极作用：

（一）促进装备制造等优势产业发展

框架协议提出，推进两省企业、研发机构在钢铁、有色、化工、建材、国防科技工业等领域开展合作。引导广东省工业设计企业与黑龙江省制造企业合作，提升黑龙江省制造的设计水平和品牌形象。这一合作有利于黑河市引进广东省制造企业尤其是有开拓俄罗斯市场意愿的制造企业在本市设立研发基地或投资建厂，共同对俄开拓市场，发展对俄装备制造业。

（二）促进新兴产业发展

框架协议提出，充分利用广东省互联网平台优势，加快黑龙江省"互联网＋"发展，支持广东省优秀电子商务企业和电子商务平台落户黑龙江省，共同拓展网络销售渠道。这一合作有利于黑河市引进广东省尤其是珠海市的优秀电子商务企业和电子商务平台落户本市，大力发展电子商务尤其是跨境电子商务。

（三）促进农业和绿色食品产业发展

框架协议提出，推动两省建立农业和绿色食品长期产销对接关系和粮食安全战略合作关系，强化两省在粮食收储、粮食产业、绿色食品产业方面的深度合作，鼓励广东省农业龙头企业发挥资本、技术和市场优势，到黑龙江省投资建设一批农产品、饲料等加工基地，建设物流园区、乡村旅游、养老等三产融合项目。加大黑龙江省绿色有机农产品品牌建设和推介力度，定期在广州、深圳、哈尔滨等市举办农产品产销对接活动。这方面的合作，有利于黑河市引进广东省尤其是珠海市的农业龙头企业到本市建设农产品、饲料等加工基地，建设物流园区、发展乡村旅游和推进健康养老产业，有利于将黑河市的绿色有机农产品通过广东各城市尤其是珠海向广东全省甚至香港、澳门等地推销，提高黑河市地产品牌的知名度。

（四）促进金融和物流业发展

框架协议提出，鼓励广东省金融机构在黑龙江省开展业务，引导黑龙江省企业利用深圳证券交易所平台 IPO 融资、股权再融资，发行债券及资产证券化产品。加强跨区域物流业合作，开辟更多物流通道，改善黑龙江省航空物流设施，鼓励引导广东省大型物流企业参与黑龙江省物流业发展和区域性物流中心、地区分拨中心建设。这一合作有利于黑河市本土企业在广东省尤其是珠海市融资，有利于黑河市引进广东省尤其是珠海市的大型物流企业，加快本市物流业发展。

（五）促进文化、旅游和健康产业发展

框架协议提出，开拓两省文化交流新渠道，研究互设城市主题日、举办文化交流和旅游、候鸟旅居推介会等活动。推动

两省建立新闻出版广播影视媒体宣传和产业发展领域的对口合作关系。争取国家支持加密两省重点城市间航线班次，开展旅游包机服务。结合省际铁路线路，组织或推动旅游专列活动。推动两省互为旅游客源地和目的地。加强两省医疗卫生领域合作，共同发展"互动式"养老、医疗大健康等产业。这一合作有利于黑河市与珠海市开展文化交流，加强两地广播影视媒体宣传方面和产业发展领域的合作，有利于两地互为旅游客源地和目的地，有利于两地加强医疗卫生领域合作，共同发展"互动式"养老、医疗大健康等产业。

二　与广东省对口合作将在科技、创新创业和人才合作等方面获得新突破

（一）科技研发与转化方面的新突破

框架协议提出，两省建立科技创新合作机制，加强产学研用合作，促进跨区域科研和成果转化，组织开展科技对接交流、科技成果展示交易及投融资活动。加强两省在科技成果处置权、收益权、股权激励等方面的经验交流，鼓励科技成果在黑龙江省产业化。这一合作有利于黑河市引进广东省尤其是珠海市的科技成果，并积极进行转化，吸引外来投资者，提高高科技产业水平。

（二）创新创业方面的新突破

框架协议提出，加强两省"双创"企业、"双创"平台和创客的经验交流，推进两省开放共享"双创"资源。推介广东省优秀的创业投资企业和创业投资管理团队参与黑龙江省创业投资发展。加强两省企业孵化器发展的经验交流，广东省协助黑龙江省每个地市建立一个科技孵化器，加快黑龙江省孵化器基地建设。引导两省高校和科研院所间开展交流合作，共建大学科技园和创业创新平台。这些合作有利于黑河市借鉴广东省包括珠海市的创新企业经验，引进创业投资企业和创业投资管理

团队，加快建设科技孵化器基地，开展本地黑河学院、科研机构与广东省尤其是珠海市高校以及科研院所间的合作，共建大学科技园和创业创新平台。

（三）人力资源交流方面的新突破

框架协议提出，组织两省干部交流学习，依托广东省各类干部培训机构和优质教育资源，定期安排对黑龙江省省直有关部门及地方党政负责同志、企事业单位管理人员、专业技术人员开展培训。鼓励两省搭建人才信息共享交流平台，有针对性地吸引广东省人才积极参与黑龙江省创业创新。开展劳务协作，建立劳务输出对接机制，广东省支持黑龙江省实现跨省劳务输出。这一合作有利于黑河市向珠海市派出干部、企事业单位管理人员、专业技术人员接受培训，接触先进理念，加快解放思想。有利于黑河市与珠海市开展劳务协调，双方转出劳务人员。

三　与广东省对口合作平台载体建设

（一）进行功能区对接

框架协议提出，加强两省自由贸易试验区、国家级新区、产业转型升级示范区等重点开发开放平台的经验交流，推动两省相关功能区对接交流、合作发展。这一合作有利于黑河市借鉴广东省尤其是珠海市的经验，加快建设跨境经济合作区和跨境旅游合作区以及黑龙江公路大桥桥头区。

（二）进行合作园区共建

框架协议提出，引进广东省的先进管理团队，创新管理体制和运行机制，吸引优势产业集聚。鼓励广东省重点园区在黑龙江省设立分园区，推动广东省重点城市在黑龙江省有条件地区发展"飞地经济"，通过跨地区产业合作、税收政策等方面的工作创新，实现资源互补、利益共享。这一合作有利于黑河市引进广东省重点园区在本市设立分园区，发展"飞地经济"，甚至可参与到跨境经济合作区建设中来。

（三）多层次合作体系建设

框架协议提出，研究建立两省对口合作产业联盟及产教联盟，加强工商联、商会、行业协会等对接合作。通过联合组织招商、联建招商网站、委托招商等方式，协助黑龙江省开展招商引资。建立两省专家智库间常态化交流机制，探索举办两省对口合作论坛，开展对口合作课题研究。加强两省在政府采购网上商城模式、大数据领域的经验交流，合作建设跨区域公共资源交易平台。开展控制温室气体排放合作，加强两省低碳发展方面交流合作。这些方面的合作，有利于黑河市与珠海市加强产业对接，有利于黑河市对港澳开展招商引资，有利于加强行业协会间合作、智库间常态化交流和低碳发展方面交流合作，实现双赢。

第五章　黑河市开放发展面临的挑战

国内外一系列积极因素为黑河市的开放发展提供了难得的机遇，另一方面，我们也要看到黑河市客观存在的发展瓶颈。只有精准破解发展难题，扫除前进障碍，才能真正抓住发展良机，掌握发展主动权。

第一节　基础设施瓶颈制约

一　面向俄罗斯的大通道建设水平尚待提升

国家对俄跨境通道建设的重点在绥芬河、东宁、满洲里、阿拉山口等陆路口岸，对黑河市等水路口岸投入较少，致使黑河跨境通道开通近 30 年来建设缓慢，水运口岸（1982 年恢复）基础设施简陋，检验设施落后，功能不配套。

（一）货检方面

货检方面的问题主要表现为：一是没有海关监管仓库，不符合国家海关总署进出口货物监管规定。根据口岸进出口货运量，需配套建设 8 万平方米、同时停放 200 台进出境车辆的海关监管仓库。二是没有口岸铁路专用线，出入境货物需二次倒运，每吨增加成本 100—150 元。三是港口装卸设施不配套，滚装作业区没有配套装卸设备，货物占港时间长，影响货物周转。

（二）旅检方面

旅检方面，一是码头泊位不足，进出境各只有一个泊位，

进港高峰期每天有 7000—8000 人，存在多艘入境船只在江中待
检情况，待检时间最长达 1 小时。二是民贸人员与公务、旅游
人员共用旅检通道，2004 年互市贸易区延伸到整个黑河市区后，
俄方持简化手续入境人员翻番增长，造成旅检大厅拥挤，俄方
持简化手续入境人员携带包裹较多，影响公务人员通关速度和
口岸旅游城市形象。而比黑河晚开放的同江口岸（1986 年），
近年来投资 1.97 亿元进行扩建改造，吞吐能力达到 400 万吨，
可通行 3000 吨级船舶，泊位总数达到 10 个，业务用房 5000 多
平方米，联检楼及附属用房 6215 平方米，铁路直达东、西两
港。① 黑河陆路口岸则尚未开通，2016 年 12 月开工建设的黑龙
江公路大桥 2019 年才能竣工。

（三）铁路与航空方面

黑河市与布拉戈维申斯克市之间缺少一座铁路大桥，致使
这条最便捷的中国东部沿海发达地区与俄罗斯资源能源最富集
腹地直接贯通的通道至今没有铁路大动脉。此外，黑河市目前
还没有一条国际航线，以黑河市为枢纽的国际航空通道尚未
形成。

二　面向中国内地的交通运输不够便利

黑河市实现全方位对外开放，离不开安全、便捷、高效的
交通运输体系做保障，虽然在黑龙江省公路建设"三年决战"
时期，黑河公路网得到了很大的完善和升级，但与其他地市相
比，特别是与黑河市经济发展和对外开放的需求还有很大的差
距和不足。

（一）黑河市地方铁路运力急需改造升级

黑河市地方铁路旅客运送量为 154.8 万人次，货运量为
140.2 万吨，不能满足进出口及地方货物运力需求。目前，黑河

---

① 课题组根据黑河市口岸办提供资料整理所得。

至哈尔滨630多公里里程中：哈尔滨—绥化为国铁Ⅰ级路；绥化—北安为国铁Ⅱ级路；北安—龙镇段（62.4公里）为国铁Ⅲ级路，最高行车速度仅为80公里/时；龙镇—黑河段（242公里）为地方铁路，尚未达到国铁Ⅲ级标准，建成以来由于投入少、等级低，运能仅为800万吨。黑河至哈尔滨全程需要11个小时，平均时速不到60公里；① 加上货物外运需要由国铁统一调度，等待时间较长。

（二）国道丹阿公路部分路段技术等级偏低

国道（G331）丹东至阿勒泰公路在黑河市境内里程为336公里，其中：一级公路45.3公里，二级公路187.2公里，三级及以下公路103.5公里。这条公路是黑河市三个国家一类口岸的重要连接线，也是黑河市沿边重要的边防公路和景观旅游路，对边境管理以及黑河市区域经济发展具有极其重要的支撑作用。近几年，在交通运输部和省交通运输厅的支持下，分段进行了升级改造，但还有100余公里公路技术等级偏低，该段是2003年按照农村公路标准改造的，由于受投资资金限制，当时建设标准较低，基本未设安全设施和排水防护设施，经过十几年的运营，路面出现了诸如大量纵横向裂缝、沉陷、坑槽和网裂以及板块破碎等重大病害，虽然经过几次维修，但仍无法满足安全通行需求，特别是黑龙江大桥建设和旅游业快速发展，该路段已无法满足经济社会发展需求，亟须升级改造。②

（三）黑河港的地理位置制约企业的发展

黑河港位于黑河市西部，目前是黑龙江省最大的对俄运输港口，但由于该港区没有铁路专用线，而且没有干线公路直达港口，使港口的优势得不到充分发挥，严重制约了港口企业的

---

① 数据来自黑河铁路（集团）有限责任公司。
② 数据来自黑河市交通运输局。

发展。与此同时，水上物流与陆上物流难以实现联通联运，特别是黑龙江大桥建成后，黑河市的国际、国内物流主要集中在大桥桥头区，这必将形成水上物流和陆路物流脱节，难以实现黑河市综合运输的发展。此外，由于黑河市货运港口处于黑龙江黑河市市区段的上游，对黑河段水域水质有一定的影响，不利于黑河市沿江旅游业的发展。

三　城乡基础设施与基本公共服务设施严重落后

黑河市区供水、排水和供热管网严重老化，现在还有 30 多公里日伪时期建设的供水管网在使用；排水管网 1984 年建成，已经使用 33 年时间，亟须更新改造；供热一级管网使用年限也达到 30 年以上，近年来冬季连续出现多处漏点。[①] 县（市）普遍没有医疗垃圾处理场。乡镇和村屯基础设施普遍薄弱，有的乡镇镇区道路还没有全部硬化；有的乡镇自来水供水管网老化；有的乡镇只有主街有地下排水管网，其他街路还是边沟或地表排水；大多数乡镇均没有垃圾处理场和污水处理厂，即使有垃圾处理场，也多是填埋式或焚烧式。很多村还只是主要巷道进行了硬化，其他路是砂石路；排水全部是明沟排放。绝大多数村没有垃圾集中处理设施。

黑河市区和县城教育、医疗、文化等基本公共服务相对较好，但与发达地区相比还存在较大差距，没有专业会展中心，没有专业文艺演出场馆，没有大型图书馆和 24 小时向市民开放的城市书屋，没有权威的医疗机构，没有集大型商业、娱乐、文化、办公、居住于一体的城市综合体。乡镇虽然有小学和初中，但教育教学环境与城市相比还有相当大差距，音体美器材、实验器材和多媒体设备等短缺；村屯全部取消了学校或教学点。乡镇虽然都有卫生院，但农村居民每千人拥有卫生院床位数、

---

① 数据来自黑河市城乡建设局、黑河市城市管理行政执法局。

专业技术人员数仅1.9张、1.6人，大大低于全市平均4.49张、5.57人的水平。① 技术人员结构也不合理，缺少中医、公共卫生、辅助科室等有资质的专业医生和高级人才，医疗设施落后，设备老旧，甚至部分卫生院缺少医疗检测设备。村级卫生所医护人员技术水平不高。乡村虽然建有乡镇文化站、文化书屋等，但书籍老旧问题严重，文化活动形式也较为单一。

四　提升黑河市基础建设水平的思考与建议

（一）黑河市对提升基础建设水平的总体期望

黑河市希望加大对基础设施和社会事业发展方面的投入力度。希望尽快制定《大小兴安岭生态保护和经济转型规划》和《兴边富民规划》实施细则。按照两个规划，黑河市可以比照执行西部大开发政策，如果《实施细则》能够尽快出台，黑河市将更早地享受相关政策，加快发展速度。希望比照中哈霍尔果斯口岸模式，构建对俄跨境合作开发试验区；尽快把"黑河边境进出口加工园区"升级为"国家级中俄联合高新区"；设立综合保税区，发展进出口加工、国际物流和高新技术产业，给予与绥芬河保税区同等待遇；支持黑河市建立中俄大宗商品电子交易平台。希望支持中俄大通道项目建设，设立专项资金，加快推进黑龙江大桥项目开工建设，扩能改造北黑地方铁路，将黑河航空港升级为国际航空港，开通联络俄罗斯内陆城市的国际航班。希望支持基本公共服务设施建设，对职业学校、高等院校、图书馆、运动场馆、医院等民生项目资金给予扶持，提高非营利性社会办养老机构建设或运营补贴。

（二）提升黑河市基础建设水平的具体路径

1. 加大对黑河公路路网升级改造的支持力度

黑河市地处"一带一路"中蒙俄经济走廊重要节点，地域

---

① 课题组根据黑河市卫计委提供资料整理所得。

广、公路网密度小，全口径公路网密度在黑龙江省仅排第11位，路网技术等级总体偏低，应对黑河公路路网结构进一步完善，增加公路网密度，加强对公路的升级改造，提升公路网技术等级，使公路更好地为地方经济社会发展服务。由于黑河市属少、边、穷地区，地方财力弱，公路建设资金配套难度大，公路建设地方配套资金占投资总额的50%—60%，地方财政压力很大，国家可加大对黑河市公路建设资金的补贴力度，按照边境贫困地区标准补贴。

2. 加大对通往旅游景区景点公路的投入力度

目前黑河市从干线公路通往旅游景区景点的公路行政等级和技术等级偏低，有的路段错车都困难，急需进行升级改造。交通运输部公路建设资金补贴标准是按照行政等级和技术等级补贴的，旅游景区景点连接线大部分是乡、村公路或专用公路，车购税补贴标准低，难以升级为二级以上公路，建议国家设立专项旅游路建设资金，加大对通往旅游景区景点公路建设的投入力度，支持旅游公路改造升级。

3. 黑河港升级和异地搬迁任务紧迫

黑河港位于黑河市西部，是黑龙江上中国最大的港口。黑河港直接经济腹地是黑河市及周边市县，间接经济腹地是黑龙江省、东北地区部分省市以及俄罗斯远东地区等。目前，该港吞吐量居黑龙江省第四位。根据《黑龙江省港口布局规划》，黑河港是黑龙江北部港口群的区域中心港口，与哈尔滨港和佳木斯港形成黑龙江省北部、南部和东部三大港口群，并且是黑龙江省粮食、木材、矿建材料、集装箱、对俄滚装、对俄外贸等运输系统的重要港口。但是由于该港区没有铁路专用线，而且没有干线公路直达港口，使港口的优势得不到充分发挥，严重制约了港口企业的发展。尤其是港区与即将建成的黑龙江大桥桥头物流园区分离，是迫切需要解决的问题。黑河港目前急需异地迁移至黑龙江大桥南、黑龙江下游，并且由重要港口升级为主要港口。建设铁路专用线，或是干线公路直达港口，实现水上物流与陆上物流联通联运，促进黑河市综合运输的发展。

4. 加快开通黑河国际航空港

黑河瑷珲机场是中国境内与俄远东城市距离最近的机场，从航程、经营成本等多方面比较，也是俄罗斯民航部门的首选机场。从黑河口岸进入俄罗斯腹地，可以大幅降低旅客和货物流通的综合费用。中国和俄罗斯旅游客源充足，每年经黑河口岸出入境的中俄游客一百多万人次。近年来，国家支持边境城市提升航空口岸能力，《国务院关于支持沿边重点地区开发开放若干政策措施的意见》明确提出"支持开通'一带一路'沿线国际旅游城市间航线""支持开通和增加国内主要城市和沿边旅游目的地城市间的直飞航线班机或旅游包机"的发展意见，为黑河市开通国际航空港提供了政策支持。黑河市拟依托黑河瑷珲机场，辟建黑河国际航空港，进一步发挥黑河市在"一带一路"中蒙俄经济走廊中的重要节点城市作用。黑河机场国际查验通道及相关设施一期改造工程已经完成。建议国家有关部委解决黑龙江省国际航空港配额不足问题，支持开通黑河国际航空港。

第二节　沿边地区人口、人才流失严重

一　黑河市人口流失严重

进入 21 世纪以来，黑河市人口增长呈现逐年放缓乃至负增长的态势。黑河市的人口统计有两个参照数据，一个是全国人口普查数据，一个是当地公安局每年年末的统计数据。第二个参照数据是黑河市公安局每年年末的统计数据。详见表 5-1。

表 5 - 1　　　　　最近 20 年人口统计表（根据《黑河年鉴》
　　　　　　　　2000—2015 年人口数据）　　　　　（单位：万人）

年份	人口总量	自然增长率	年份	人口总量	自然增长率
1999	168.3	4.7‰	2000	167.2（五普）	
2001	172.9		2002	173.8	
2003	173.6		2004	174.1	
2006	173.4		2008	174	2.3‰
2009	174	2.7‰	2010	167.4（六普）	
2011	173	1.9‰	2012	173	−0.4‰
2013	171.5	−2.8‰	2014	169.7	−1.6‰
2015	162.8	−0.4‰			

　　根据黑河市第五、六次全国人口普查数据，截至 2000 年 11 月 1 日，全市总人口 167.2 万人，2010 年 11 月 1 日全市总人口 167.4 万人，十年人口仅增长 2 千人。单从公安数据看，黑河市人口在 2008 年和 2009 年达到历史峰值 174 万人后近十年来一直负增长。至 2015 年年底，人口总量为 162.8 万，较 2009 年 174 万的历史峰值净减少达 11.2 万。目前，黑河市 65 个乡镇中，一半以上人口在千人左右。2014 年，黑河市实施户籍制度改革，全面放开了投资、投亲、购房、外来人才落户的准入条件，但仍没有扭转人口外流趋势，当年人口净迁出 4063 人。从集聚和承载人口的角度看，主要是产业发展慢，吸纳人口就业较多的工业和服务业发展还不够，没有吸纳就业能力强的大企业或企业集群；交通状况亟待改善，人员出行和货物流通受到限制；城乡基础设施薄弱，公共服务水平低，承载人口生产生活的能力弱。

二　黑河市人才流失严重

　　近年来，黑河市深入贯彻落实习近平总书记关于人才工作重要论述、重要指示精神和中央、省委关于人才工作的要求部署，加强党对人才工作的领导，完善各项人才政策，创新人才培养和引进机制，积极开展"人才兴边、智惠黑河"活动，加大人才柔性引进力度，人才工作取得新进展新成效。但是比较而言，人才工作形势依然严峻：一是人才总量严重不足。2017年，人才资源总量为12.15万人，仅占全市总人口的7.1%，比全国水平低5.6个百分点（全国人才资源总量1.75亿人，2016年年末全国人口13.8亿人）。二是高层次人才匮乏。黑河市高层次人才总数仅为11188人，其中享受国务院特殊津贴的仅16人、在职2人，享受省政府特殊津贴的仅9人、在职4人，省级优秀中青年专家5人、在职3人。2015—2017年引进急需紧缺高层次人才仅113人，其中博士、副高级以上职称的只有6人。三是人才集聚能力不强。由于地处偏远、经济欠发达，对人才的吸引力明显不足。近3年黑河市引进高校毕业生仅242人，黑河籍大学毕业生回乡率仅为15%左右。同时，教育、卫生等领域很多人才被发达地区吸引走，近3年外流中高级人才56人。① 特别是新材料、新能源、新医药等战略性新兴产业和农产品精深加工、大健康、全域旅游等优势产业领域高层次人才奇缺。这些问题，严重制约黑河市发展新旧动能转换步伐，影响黑河市振兴发展的大局。

三　黑河市人口稳定与人才建设的意义与建议

　　边疆安全与开发建设，关键在于人才人口的稳定。西汉名臣晁错在《守边劝农疏》中言，"塞下之民，禄利不厚，不可使久居危难之地"，建议"要害之处，通川之道，调立城邑，毋下千家；先为室屋，具田器，募人居之；予冬夏衣，廪食，能自给而止"（《汉书·晁错传》）。中国先贤早在两千余年前就已认识到，在边境地区保持足够的人口数量，有利于边疆稳定和国

---

① 课题组根据黑河市人才办提供有关资料整理所得。

家安全。面对黑河边境地区人口、人才流失严重的局面，国家应该给予特殊政策和优厚待遇，才能集聚人才、稳定人口。新中国成立后，黑河边境地区曾给予过特殊待遇。1956—2000 年，国家划分 11 类工资区，黑河市享受 9 类区（边远地区）待遇。1957 年，黑河地区的爱辉县职工人均年工资收入 806 元、孙吴县 801 元、逊克县 723 元，而北京市仅为 748 元、哈尔滨市 703 元。1957—2000 年，黑河地区人口经历了较快、较为稳定的发展，由不足 50 万人增长到 167 万人，人口增加两倍多。2001 年，国家取消 11 类工资区待遇，执行艰苦边远地区津贴，分为 4 类区，2006 年又分为 6 类区，黑河市始终为 2 类区。按此制度，爱辉区机关和事业单位月人均地区津贴均为 210 元。若执行原制度，则机关单位月人均地区津贴为 389 元，事业单位为 360 元。纵向比，工资水平下降明显。[①] 黑河市地处边远，气候严寒，加之待遇不高，根本无法聚拢人气，留住人才。

针对于此，我们建议国家大幅提高以边境、高寒为特征的黑河地区津贴水平，尤其是将爱辉区（含市直）艰苦边远地区津贴类别由 2 类区提高到 3 类区，至少执行同一纬度县（市、区）的边境地区津贴水平同一标准。给予边境地区干部、职工和军转干部其他优惠待遇。例如，适当提高公务员职级和事业单位高级职称比例；在边境地区工作 10 年、20 年、30 年的，给予相应待遇；子女高考给予加分政策；自愿在边境地区转业的军转干部给予相应鼓励，等等。唯有如此方能聚集人口、留住人才。

从长远来看，除补助机制外，还需要在产业发展、基础设施建设、公共服务覆盖、人口人才集聚等方面，给予更多的政策倾斜，特别是要着力解决好发展、行路、住房、饮水、求医、上学、就业、增收等方面难题，以保证边民有更稳定的工作、

---

① 数据来自黑河市人力资源与社会保障局。

更多的收入、更好的保障、更舒适的环境，一代一代在边境地区繁衍生息下去。同时，这也是补齐边境地区发展短板、与全国同步全面建成小康社会的迫切需要。

目前黑河市已经提出"打造0—3公里试验区的总体构想"，为此我们就支持距边境0—3公里地区发展提出以下6点建议：

1. 建立动态的边民补助机制

据了解，广西从2009年开始就实施了陆地边境0—3公里范围内行政村农村居民生活补助政策，已经5次提高补助水平，2014年达到了每人每月130元。[①] 黑龙江省如果能够争取到并落实好这一政策，将对稳定甚至增加边境地区人口数量起到极大的促进作用。

2. 在育产业、办企业上给予支持

具体包括：①对距边境0—3公里范围内，发展特色农业、加工制造业、高技术产业、服务业和旅游业的，从沿边重点地区产业发展（创业投资）基金中，每年拿出30%—40%的比例专门给予支持。②将推进沿江153万亩耕地整理，纳入省乃至国家农业发展专项规划，实行以奖代补。③支持申报跨境经济合作区和保税物流园区（B型），借鉴上海等自由贸易试验区可复制可推广试点经验。④支持设立跨境旅游合作区，探索建设边境旅游试验区，赋予口岸签证政策，授予自驾车出入境旅游审批权限。⑤落实商事制度改革，推进工商注册制度便利化，鼓励大企业、大集团到沿边重点地区投资兴业，尤其是发展总部经济。⑥对距边境0—3公里范围的产业园区，优先布局进口能源资源加工转化利用项目和进口资源落地加工项目，涉及配额及进口许可证管理的资源类商品，在配额分配和有关许可证

---

① 《广西"十二五"期间不断提高边民生活补助》，2015年9月7日，国家民族事务委员会网站，http：//www. seac. gov. cn/art/2015/9/7/art_ 36_ 236567. html。

办理方面给予倾斜。⑦对专业合作组织注册公司、走企业化集团化路子的，参照《国务院关于支持沿边重点地区开发开放若干政策措施的意见》中，对于边民自主创业实行"零成本"注册，符合条件的边民可按规定申请10万元以下的创业担保贷款的办法，降低准入门槛，在融资等方面加大支持力度。⑧鼓励和支持国内外金融机构到距边境0—3公里范围及附近城市设立分支机构，支持具备条件的民间资本依法发起设立民营银行或金融租赁公司，发展双边双向贷款业务。通过育产业、办企业，促进边境地区人口集聚、繁荣发展。

3. 对边境基础设施和公共服务设施建设优先推进

对已经纳入省和国家规划的跨江索道建设，北五铁路建设、北黑铁路升级改造、黑河经呼玛至韩家园子段、黑河经逊克至伊春段铁路沿边铁路建设，黑河至嘉荫等公路升级改造，以及重大水利工程，从稳边固边兴边强边的高度，摆上优先位置，加大推进力度，争取尽早实施。对黑河、逊克等基础设施互联互通涉及的国家级口岸，加大资金投入力度，优先安排口岸基础设施、查验场地和设施建设。落实对边境经济合作区公共基础设施项目贷款给予贴息支持政策。

4. 统筹推进距边境0—3公里范围城镇和中心村规划和建设

从省层面对这一范围内的小城镇和中心村，统一进行规划布局，结合新型城镇化和美丽乡村建设，制定专项规划，确定镇村数量、单体规模、建设风格、产业方向等，设立专项资金，对这一地区的小城镇、中心村道路、"三供三治"等基础设施，及学校、乡镇卫生院、文化体育场所等公共服务设施，加大建设投入力度。同时，考虑沿边地区大多财力薄弱的现状，比照执行西部大开发相关政策，相关专项扶持资金给予重点倾斜，减免或者取消公益性建设项目市级配套资金。

5. 完善激励人口人才向边境集聚的政策措施

近年来，国家高度重视并采取措施，稳定增加边疆人口数量，提高人民生活水平。对此，我们的思考是：第一，贯彻落实好《国务院关于支持沿边重点地区开发开放若干政策措施的意见》中明确的"对于在沿边重点地区政府部门、国有企事业单位工作满20年以上且无不良记录的工作人员，所在地省级人民政府可探索在其退休时按照国家规定给予表彰"的政策。第二，从国家层面，进一步研究制定鼓励人口人才到边境地区工作生活的政策。比如给予安家补助，提高工作津贴、生活补贴，提高重大疾病医疗救助标准，子女考入大学给予生活补助等。第三，支持黑河学院加强基础和学科建设，对考入黑河学院并完成学业的内地学生给予一次性奖励等，通过发展教育，形成一定数量的既流动又稳定的"边民"。第四，对退休后的老教师、老医师、老农技师，鼓励让他们带着钱、带着技术，到距边境0—3公里范围的农村去发展去服务，短期内给他们解决宅基地问题，一签20—30年。

6. 成立距边境0—3公里发展联盟

在距边境0—3公里地区发展上，黑河市无论是发展上，还是人口上，都有一定的基础，把黑河市作为试点，在中央领导和支持下，积极进行探索，努力形成可复制可推广的经验。从长远考虑，黑龙江省可成立距边境0—3公里发展联盟，促进黑龙江省沿边一线各地互相学习、相互支持、共同发展。如果可行，将来也可以从全国层面成立距边境0—3公里发展联盟，推动中国整个沿边重点地区加快发展，促进稳边固边兴边强边。

第三节　开放发展活力受到体制机制制约

一　中企在俄投资缺少政策和法律保障，心存顾忌

国家虽然积极鼓励对俄经济技术合作，但对在俄投资企业融资以及风险保障方面缺少相应扶持政策。到俄投资企业普遍缺少熟悉俄罗斯法律体系、熟悉以税法为核心的经济法规、熟

悉相关行业和企业的技术标准、能够熟练掌握俄语的人才。投资合作项目多集中在农业种植、森林采伐、建材、房地产开发等传统领域，基本都是粗加工、低科技含量、低附加值的。近年来，投资领域有所拓展，出现了重汽形象 4S 店、玻璃深加工等服务业及深加工项目，但这些项目规模普遍较小，出口额均在几百万美元，这些企业在俄罗斯投资遇到很多实际困难。黑河华富集团公司在俄罗斯阿穆尔州布拉戈维申斯克市投资的华富建材综合大市场于 2009 年开工建设，并于当年完成 1.8 万平方米的一号楼建设，2010 年二号楼的 8 万平方米建设却因资金问题和申请劳务指标困难难以开工。黑河恒业经贸有限责任公司 2009 年在俄布市黄金地段购买了 8.3 万平方米的地皮，用于开发高档住宅。2010 年完成 27 号区 2.8 万平方米的土地征地，并于当年 10 月末完成 20 层楼的地下工程，但因劳务指标申请困难，劳务人员仅过去 41 人，缺口 40 人左右，致使工程进展缓慢。黑河市千里雪经济贸易有限责任公司在俄罗斯投资的"金色年华"别墅开发项目 2009 年进入俄罗斯，因受原合作伙伴欺骗，在没有取得俄方政府批准开工手续情况下盲目投资，最后因解决申领建筑许可证等相关手续困难停工。

由于普遍认为俄罗斯政策不稳定，投资风险高，有实力的大企业大集团不敢轻易到俄罗斯投资。2014 年民企龙江行活动开展以来，民营 500 强企业上海月星集团高度关注"一带一路"倡议下的中俄区域合作，十分看重黑河市与俄阿州及布市的合作成果和发展空间，在前期大量调研基础上，研究提出了许多在黑河市与布市投资设想，特别是对黑龙江公路大桥双边桥头区开发、综合商业圈开发、两地资源开发都提出了相应的构架性方案，对具体的合作方式也提出了针对性的意见。月星集团积极与俄方高层进行广泛的交流与对接，2017 年俄总理梅德韦杰夫对中国正式访问期间，10 月 31 日俄副总理兼总统驻远东联邦区代表特鲁特涅夫专门会见了月星集团代表。月星集团制定并提出了参加跨境经济合作区的宏伟蓝图，但同时也提出关切的问题，就是俄方到底能给予哪些优惠政策，对于补偿投资风险能有什么措施，比如参与布拉戈维申斯克边境口岸设施建设，参与开发黑河—布拉戈维申斯克跨境经济合作俄方部分建设，投资规模巨大、风险很大，投资回收周期十分漫长，为了保证持续投资能力，是否可以通过参与俄罗斯资源性商品出口贸易实现资金平衡，即以原油为例，通过与俄罗斯石油公司、罗斯国际石油公司的协议安排，以优惠价格获得一定的原油出口计划，进而尽快回补投资开发收益。

二　边境经济合作区先行开放的政策存在效应减弱和落地"最后一公里"的突出问题

1992 年，黑河等边境经济合作区成立以来，国家及有关部门和省给予了广泛的资金和财税政策支持，制定出台了《国务院关于进一步对外开放黑河等四个边境城市的通知》《国家税务局关于明确黑河等十二个边境城市执行外商投资企业税收政策问题的通知》①《边境小额贸易和边境地区对外经济技术合作管理办法》②《关于促进国家级经济技术开发区进一步提高发展水平的若干意见》③《国家级经济技术开发区、国家级边境经济合

---

①　《国家税务局关于明确黑河等十二个边境城市执行外商投资企业税收政策问题的通知》，1992 年 10 月 5 日，法律法规网，http：//www. chinalawedu. com/falvfagui/fg21829/13140. shtml。

②　《边境小额贸易和边境地区对外经济技术合作管理办法》，1996年 4 月 1 日，商务部网站，http：//www. mofcom. gov. cn/article/swfg/swfg-bf/201101/2011010 7349119. shtml。

③　《关于促进国家级经济技术开发区进一步提高发展水平的若干意见》，2005 年 3 月 21 日，中国政府网，http：//www. gov. cn/zhengce/content/2008 - 03/28/content_ 2052. htm。

作区等基础设施项目贷款中央财政贴息资金管理办法》①和《黑龙江省边境开放城市条例》《黑龙江省边境经济合作区管理条例》等一系列政策措施，对促进边境地区经济社会发展起到了巨大作用。但时至今日，除国家明令取消的外，一些优惠政策已经超过实用期或已经不符合边境经济合作区发展要求。而且由于原主管部门国务院特区办进行机构改革，多年来从国家层面一直未出台新的支持政策，边境经济合作区作为特殊的经济区域始终缺乏相应的政策支撑，在对外开放和发展外向型经济方面已经失去了应有的窗口和示范、带动作用。

此外，国家层面针对进一步提议沿边开放出台了很多好的政策，但许多政策还停留在国家部委层面，无法落地，存在"最后一公里"问题。2013年，国务院批复的《黑龙江和内蒙古东北部地区沿边开发开放规划》，提出"加强满洲里国家重点开发开放试验区建设，推进绥芬河、黑河开发开放试验"的规划目标；国家出台的《国务院关于支持沿边重点地区开发开放若干政策措施的意见》将跨境经济合作区列为深化与周边国家和地区合作的重要平台；习近平总书记对黑龙江省的两次重要讲话和《中共中央　国务院关于全面振兴东北地区等老工业基地的若干意见》中，多次提到支持建设跨境经济合作区；2017年9月，国家下发的《关于加大边民支持力度促进守边固边的指导意见的通知》（中办发〔2017〕53号）文件明确提出，"加强沿边重点开发开放试验区、边境经济合作区、跨境经济合作区等重要开放合作平台建设"，但是黑河市争取开发开放的试验性探索还是遇到了相当多的困难，很多政策在国家部委层面执行过程中没有达成一致意见，导致黑河

---

① 《国家级经济技术开发区、国家级边境经济合作区等基础设施项目贷款中央财政贴息资金管理办法》，2014年4月28日，财政部网站，http：//www. mof. gov. cn/zhengwuxinxi/caizhengwengao/wg2014/201408wg/201503/t20150327_ 1208387. html。

市进行的争取工作经常碰壁。以辟建边境旅游试验区工作为例，国家旅游局在全国沿边地区考察后认为，在黑河市建设边境旅游试验区条件优越、基础坚实，可以先行设立边境旅游试验区，待黑龙江大桥建成后，进一步建设跨境旅游合作区。黑河市申请设立边境旅游试验区方案在国家旅游局指导下已经完成，但是在会签过程中，国家公安部以黑河市毗邻的俄罗斯布拉戈维申斯克市有赌场为由不予同意，这项工作从2016年正式开始推进到现在已经有两年的时间，除了完成方案，没有取得其他实质性进展。再如，2017年5月，国务院办公厅印发《兴边富民行动"十三五"规划》，提出将加强边境地区综合交通运输体系建设，但是真正实现哈黑和齐黑高速铁路、沿边铁路、高等级公路等项目落地，还需要国家发改委、铁道部、交通运输部等国家部委，优先纳入国家规划的大盘子，并在资金和政策等方面给予大力支持，否则还是"纸上谈兵"。建议党中央、国务院大的规划和政策出台后，国家相关部委都提出明确落实意见和配套政策措施，同时充分考虑边境地区特殊需要，加大对边境地区转移支付力度，推进地区间基本公共服务均等化。加大对边境地区基础设施、城镇建设、产业发展、民生保障等方面的支持力度，研究提高对边境地区铁路、民航、能源、信息等建设项目投资补助标准或资本金注入比例。边境地区国家重点基础设施建设项目新增建设用地计划指标由国土资源部直接安排，保障用地需要等。确保党中央、国务院的决策部署真正能够落地见效，为边疆发展和边疆人民带来实实在在的福祉。

三　黑河市沿边开放政策性优惠落后于俄罗斯跨越式发展区和自由港

近年来俄罗斯大力推动远东地区开发开放，出台了一系列具有较大力度的优惠政策。

（一）俄罗斯在远东实行跨越式发展区优惠政策

俄罗斯在远东设立了 18 个跨越式发展区。其中阿穆尔州有 3 个："阿穆尔河沿岸"发展区；"别洛戈尔斯克"发展区；"斯沃博德内"发展区。发展区内实行特殊优惠政策：要成为入驻企业，首先需编制一份周详的具体投资方案。最低投资额为 50 万卢布。入驻企业享受以下优惠政策："一站式服务"；自由关税区和保税区政策；简化国家监督；简化行政审批手续；简化出口退税程序；未经远东发展部同意不得对企业进行检查；免费使用土地和配套基础设施；国家环评期限缩短到 45 天；计划内检查时间不准超过 15 个工作日；免费使用配套基础设施；基建许可证办理不超过 40 天。利润税、财产税和土地税前 5 年均为 0%，（其中利润税：联邦部分——前 5 年为 0%；地区部分——前 5 年为 0%—5%，第二个 5 年为 10%—18%，从第 11 年起为 18%）；社会劳动保险费前 10 年为 7.6%（现行标准为 30%）。

表 5-2　　　　　　俄罗斯远东跨越式发展区的税收优惠政策

税　种	现行标准	跨越式发展区
所得税	20%	联邦部分——前 5 年为 0%；地区部分：前 5 年为 0%—5%，第二个 5 年为 10%—18%，从第 11 年起为 18%
财产税	2.2%	第一个 5 年为 0%，第二个 5 年为 1.1%
土地税	按俄罗斯联邦税法、各联邦主体立法、地方自治组织规范性法令的相关规定执行	前 3 年为 0%
增值税	一般程序	快速退税
矿产开采税	现行法律规定标准	前 10 年为 0%—0.8%，之后为 1%
社会劳动保险费	30%	前 10 年降至 7.6%

表 5 - 3　　　　　　　　俄罗斯远东跨越式发展区的海关制度

俄罗斯远东跨越式发展区的海关制度
（1）在设有海关监管区的发展区内实行自贸区海关制度
（2）海关机关根据入驻企业申请，可在安装有设备的区内设立海关监管区
（3）联邦海关总署确定对监管区设备的要求
（4）联邦海关总署确定发展区海关制度和工作流程
（5）单一窗口模式

（二）俄罗斯推进自由港优惠政策

2015 年 7 月 13 日，俄总统普京签署了《关于符拉迪沃斯托克自由港的联邦法律》（2015 年 10 月 12 日正式生效）。自由港设立期限为 70 年，期限可依法延长。自由港区域包括滨海边疆区的 16 个行政区，包括上述行政区域内的海港及其水域。已建立经济特区、地区发展区和跨越式社会经济发展区的区域不属于自由港。

到目前为止，除符拉迪沃斯托克自由港外，根据 2016 年 7 月 3 日第 252 - 3 号联邦法律，适用自由港制度的还有：哈巴罗夫斯克边疆区的瓦尼诺地方自治区全境（含瓦尼诺海港用地和水域），楚科奇自治区的佩韦克市（含市区和海港水域），萨哈林州的科尔萨科夫斯基市（含市区和海港水域），堪察加边疆区的堪察加彼得罗巴甫洛夫斯克市（含市区和海港水域）。

成为符拉迪沃斯托克自由港入港经营者的标准很低。在"符拉迪沃斯托克自由港"区域内允许除石油和天然气开采、生产应纳消费税的商品（汽车、发动机油、航空和汽车燃料除外）之外的各种合法经营活动，入港经营者只要是新的投资项目或者新的活动种类，投资额不少于 500 万卢布即可；而且在税收方面优惠明显，所得税 5%，仅为俄罗斯现行标准的 1/4（俄罗斯国家标准 20%）；5 年内免征土地税 0%；财产税第一个 5 年免征，第二个 5 年为 0.5%（俄罗斯现行国家标准为 2.2%）；法律颁布后 3 年内获得入港经营资质的，社会劳动保险费按 7.6% 执行 10 年

（现行费率30%）；增值税退税快速审核（10天之内）。

与此同时，海关和行政方面大大简化办理程序，如自由港入驻经营者享受自由贸易区政策、使用单窗口模式、采用简化签证制度（可在边境申领8日签证）、缩短获得基建项目许可证的时间、简化政府监督等。

当然，下列活动不享受俄罗斯国家扶持政策：金融和保险活动；批发和零售贸易。

（三）黑河市现行投资开发政策优惠幅度小

相对俄罗斯而言，黑河市现行投资开发政策优惠幅度小。以两个相关文件为例：

1. 《黑河市人民政府促进对外经济合作若干政策》

《黑河市人民政府促进对外经济合作若干政策》根据企业对地方经济发展贡献进行奖励模式，从用地政策、财税政策和金融政策方面，对企业和项目提出了9条优惠政策，主要包括：先保障符合黑河市产业发展导向和《建设用地节约集约利用控制标准》的工业项目用地，用地通过"招、拍、挂"方式公开出让，其土地出让价格按照《全国工业用地出让最低标准》（国土资发〔2006〕307号）的70%挂牌；对固定资产投资8000万元以上的新引进产业项目（含盘活本地停产二年以上产业项目），自企业对地方经济做出贡献之日起五年内，按照当年对地方经济发展贡献，前三年按照100%、后两年按照50%，用于企业技术进步、技术创新、配套服务、贷款贴息等；鼓励发展总部经济。新引进总部企业年度对地方经济发展贡献超过1000万元的，前三年按50%给予扶持，等等。

2. 《关于支持民营经济发展的若干意见》

《关于支持民营经济发展的若干意见》涉及进一步放开民营经济进入领域、培育壮大市场主体、支持民营企业转型升级、帮助民营企业开拓市场、降低民营企业生产经营成本、加大金融和财税支持力度、完善公共服务、优化发展环境8个方面内容，共计 48 项具体措施，主要包括：对年度新纳入规模以上统计的工业企业，按隶属关系由同级政府按每户给予一次性奖励 5 万元；支持科技型民营企业设立博士后科研工作站，按隶属关系由同级政府对设站企业给予 50 万元的经费支持；在国内主板、中小板、创业板以及国外（境外）上市企业，市财政一次性奖励 200 万元。对新三板挂牌企业，市财政奖励 100 万元。对区域股权交易市场 E 板挂牌企业，市财政奖励 80 万元；其他挂牌企业，市财政奖励 10 万元；对年主营业务收入达到 1 亿—2 亿元，新增流动资金贷款 800 万元以上的工业企业，市财政按新增贷款的 5%（贷款利率低于 5% 的，按实际发生利率计算），给予最高不超过 50 万元的贴息支持；对命名为省级的创业载体运营单位、服务平台，除向上争取奖励资金外，由市财政一次性奖励运营单位 20 万元、服务平台 10 万元，等等。

相较而言，黑河市的政策比俄罗斯跨越式发展区和自由港政策还是缺少吸引力。国家应比照俄方的投资政策在更高层次研究制定与俄罗斯远东地区开发开放相配套和衔接的优惠政策。

四　边境管理缺少法律依据

国家没有统一的关于边境管理的法律法规，给边境管理工作造成极大困难。从黑河市的执法实践看，从事边境管理工作的法律依据是 20 世纪 90 年代初期制定的《黑龙江省边境管理条例》（以下简称《条例》），虽然经过两次修改，但在适用中仍明显滞后。《条例》中明确规定边境管理部门有外事部门、边防部队、公安边防部队三个单位。但在实际工作中，渔政、环保、林业、海事、航道和口岸联检等部门，都依据国家相关的法律法规，从行业角度不同程度地参与边境管理，且他们依据的法律都是上位法。与之相对应的，外事部门、边防部队、公安边防部队所依据的《条例》是地方法规。由此，管理界江岛屿涉及职能部门众多，缺乏有效配合，存在管理交叉、责权不明、责任主体不清等问题，甚至导致水土流失和生态破坏等现象严重，界江岛屿和国土得不到有效保护。以中俄界江黑龙江干流黑河段为例，由于受迎流顶冲、风浪淘刷以及人类活动等因素影响，部分江岸坍塌十分严重，导致主河道向中国一侧偏移，国土流失严重。近三十年来，黑河市境内因冲刷而流失的国土面积为 2.37 平方公里以上，相当于 3 个珍宝岛的面积。建议国家从保护国家领土安全和生态环境的战略高度，尽快出台《中华人民共和国边境管理法》，统一和规范包括国界管理、边境地区生产作业、通行管理、贸易管理、边民过境管理、边防会谈会晤管理、渔船渔民管理等内容，明确边境管理主体、管理区域、管理分工以及执法权限，明确有关部门对于界江航道、岛屿、护岸、国土、生态等保护、管理及开发、建设的职责与权力，促进边境管理走上法治化、规范化的轨道。

五　电力垄断经营制约开发建设

2002 年 7 月，黑河市地方企业星河电力有限公司经国家经贸委批准开展对俄购电。2004 年正式引进俄电力，进口价格为 2.2 美分/千瓦时，销售价格为 0.25 元/千瓦时，低于当时国内价格近一半。2006 年星河电力有限公司投资兴建了 220 千伏对俄输电线路。2007 年黑龙江省电力公司强行收购星河电力有限公司，承诺收购后 2008 年执行 0.26 元/千瓦时电价（含基本电费），2009—2017 年每年每千瓦时上调 0.01 元。同年，俄方上调俄电价格至 4.7 美分/千瓦时，加上关税、线损等，成本达到 0.34 元/千瓦时。经省电力公司、园区及企业三方协商，俄电售价一直没有突破 0.31 元/千瓦时。8 年来，吸引了黑河合盛硅业有限公司、黑河阳光伟业硅材料有限公司、黑河市元泰硅业有限公司、黑河鑫和工业硅冶炼有限公司、黑河正兴磨料有限公司等一批高载能企业落户俄电加工园区，2010 年形成年产值 10 亿元、税金 6300 万元；在建企业 10 家，总投资 52.1 亿元，全部建成并投产达效后年可实现产值 104.6 亿元、税金 8.1 亿元。近两年，由于俄电进口、销售价格"倒挂"，省电力公司对园区新上项目配套电力设施建设不积极，未能同步完成配套供电设施建设，也未开工建设临时及过渡供电工程，导致达到投产状态的总投资 15 亿元、年产 5000 吨多晶硅及配套 14 万吨工业硅项目建成后一直没有投产，总投资 21 亿元年产 14 万吨聚乙烯醇及配套 30 万吨电石等项目处于停产半停产状态。

第六章 新时代黑河市开放发展的
目标和战略举措

党的十九大报告指出，中国特色社会主义已进入新时代，新时代对于对外开放重要口岸城市也有新的要求。在新时代全面对外开放的战略格局中，黑河市已成为中国对俄罗斯开放前沿，应肩负起政治责任和历史责任，着力解决好发展不平衡不充分问题，以开放促进发展，大力实施绿色崛起、扩大开放、融合发展、创新驱动、差异化发展"五大战略"，坚决打赢解放思想、产业发展、精准脱贫、保障和改善民生、整顿作风优化发展环境"五大攻坚战"。

第一节 黑河市开放发展的近期和中期目标

黑河市应统筹推进"五位一体"总体布局，协调推进"四个全面"战略布局，牢固树立和贯彻落实五大发展理念，以解放思想为先导，以提高质量和效益为中心，以供给侧结构性改革为主线，以全面从严治党为保障，坚持产业拉动、开放带动、创新驱动，充分发挥比较优势，大力构建"十大新体系"，打造黑河市发展的新格局，为圆满实现全面建成小康社会、实现黑河市开放发展的近期（2016—2020 年）和中期（2021—2035年）目标，以及黑河市全面振兴打下更加坚实的基础。

黑河市开放发展的近期目标是，到 2018 年，提前实现全面建成小康社会关键指标，地区生产总值和城乡居民人均收入比2010年翻一番。到2020年，圆满完成"十三五"规划任务，打赢脱贫攻坚战，如期实现全面建成小康社会目标。该目标具体包括：

加快形成优势产业新格局。农牧产品加工业形成完整产业链，矿产加工业形成高端价值链，装备制造业实现集群发展，新材料、新能源、新医药产业形成规模，现代服务业加速崛起，互联网、大数据、人工智能与实体经济深度融合，构建起实体经济、科技创新、现代金融、人力资源协同发展的产业新体系，形成支撑长远发展的产业基础。

加快建成现代农业强市。现代农业产业体系、生产体系、经营体系基本形成，农业经营效益和现代化水平全面提升，实现农产品品质最优化、价值最大化，实现一二三产融合发展，建成一批产业兴旺、生态宜居、乡风文明、治理有效、生活富裕的美丽乡村，成为全省农业强市和全国重要的功能性食品生产供给基地。

加快实现对外开放战略升级。互联互通基础设施建设取得重大突破，立体交通网络更加完善，以跨境经济合作区为主体、境内外加工产业园和跨境电子商务产业园协调互动的大平台基本建成，成为对俄产业合作中心、面向俄罗斯远东金融服务中心、对俄人才培养交流中心和中俄人文交流先行区，联通黑龙江省服务全国的作用有效发挥，形成陆海内外联动、东西双向互济的开放新格局。

打造国际著名旅游目的地。旅游资源深度开发，旅游与健康、文化、商贸等产业融合发展；五大连池风景区成为国际矿泉水疗康养中心和黑龙江省旅游龙头；市区欧陆风情园林城市形象彰显，成为中俄边境最佳旅游目的地、国内外知名旅游胜地；旅游成为强市富民的重要支柱产业；成为全域旅游示范区典范，建成边境旅游试验区和跨境旅游合作区。

持续建设优美生态环境。群众绿色理念、生态意识和环保行动力显著增强，生态修复、环境治理和"黑河蓝"保护工程深入实施，自然保护区面积扩大，森林覆盖率提高；绿色发展、循环发展、低碳发展迈出新步伐，建成绿色低碳循环发展的经济体系；走出一条生产发展、生活富裕、生态良好的文明发展之路，形成人与自然和谐共生的现代化建设新格局。

黑河市开放发展的中期目标是，到 2021 年，地区生产总值突破 1000 亿元大关，城乡居民人均收入分别突破 3.5 万元和 2 万元，发展登上一个新台阶。到 2035 年实现黑河市全面振兴、基本实现社会主义现代化，为到 21 世纪中叶建成富强民主文明和谐美丽的社会主义现代化新黑河奠定坚实基础。

第二节　设立黑河—布拉戈维申斯克跨境经济合作区

按照中俄两国政府有关协定，黑河中俄跨境经济合作区最终要建设成"两国一区，共同管理，封闭运作，境内关外，区内人员、货物、资金自由流动"的特殊经济合作区，成为东部陆海联运丝绸之路经济带重要节点、中俄合作转型升级试验示范区、黑河市与布市区域经济发展新引擎。

一　指导思想及发展目标

黑河市建设跨境经济合作区的指导思想和发展目标是：高举中国特色社会主义伟大旗帜，以习近平新时代中国特色社会主义思想为指导，全面贯彻党的十九大精神，准确把握中俄全面战略协作伙伴关系新阶段的深刻内涵，紧紧抓住两国通道设施互联互通的重大机遇，按照合作共赢、错位发展、绿色生态、创新发展、分步实施的原则，以打造中俄两国合作交流的"区域经济心脏"为中心，以体制机制创新为动力，利用两种资源、两个市场，重点发展国际贸易、现代物流、特色进出口加工、现代服务业"四大产业"，加快形成人流、物流、信息流、资金流和智力流"五流"汇集的黑河跨境经济流，把黑河中俄跨境经济合作区打造成中俄合作转型升级的新高地、推动黑河市打造"东部陆海联运丝绸之路经济带"新兴明星城市。力争到"十三五"期末，黑河中俄跨境经济合作区成为中俄经济技术深度融合发展的典范，成为带动区域经济发展的龙头。年工业总产值达到 700 亿元，年服务业总产值达到 300 亿元，形成黑河千亿产业聚集区。

二　跨境经济合作区的空间布局

跨境经济合作区坚持"反规划"的理念①，适当借鉴新区开发的理念②，积极探索低成本、低冲击、低碳绿色的新型开发模式，突出产城融合，按照物质环境集约化、功能活动多元化和整体运营高效化的思路，科学界定体系构架，明确布局分区，确立发展轴，塑造环境特色，实行模块化分区开发，将规划区的发展过程与空间管制结合，保证规划区的持续开发。

（一）功能圈层格局

黑河中俄跨境经济合作区以中俄国际科技产业城（即黑河城市总规划中的东部生态新区）为核心，地域范围覆盖西南工

---

①　"反规划"概念是在中国快速的城市进程和城市无序扩张背景下提出的，主要是一种物质空间的规划方法论。"反规划"不是简单的"绿地优先"，更不是反对规划，而是一种应对快速城市化和城市发展不确定性条件下如何进行城市空间发展的系统途径；与通常的"人口—性质—布局"的规划方法相反，"反规划"强调生命土地的完整性和地域景观的真实性是城市发展的基础。

②　探索低成本、低冲击、低碳绿色的新型开发模式，突出产城融合，打造物质环境集约化、功能活动多元化和整体运营高效化的发展新高地。

业园区、站东工业物流园区、南部工业物流园区以及五秀山工业园区，规划总面积约36平方公里。以黑龙江大桥为轴线，串联主要功能组团，促进区域高效连通，加强资源整合，实现以点带面、以面促点的协同联动，形成圈层拓展的总体功能格局。

核心功能圈层。核心功能圈层位于黑龙江大桥桥头区域的中俄国际科技产业城，规划面积15.8平方公里，大面积湿地公园贯穿其中分为东西两部分。东部区域规划为以出口加工业、仓储物流业为主导的综合保税区；西部区域规划为口岸功能区和互市贸易区，以及商贸服务、科技创新服务、金融、文化、旅游、健康养生等高端现代服务业功能区。

扩展功能圈层。扩展功能圈层包括西南工业园区、站东工业物流园区、南部工业物流园区以及五秀山工业园区。根据当地经济、环境条件，同时考虑园区原有企业布局，按照跨境合作产业体系设计，聚集同类产业，形成互动共生的产业聚落，促进区域产业优化升级。

辐射功能圈层。辐射功能圈层以桥头区（中俄国际科技产业城）为核心，西南工业园区、站东工业物流园区、南部工业物流园区以及五秀山工业园区为支撑，拓展延伸黑河中俄跨境经济合作区的辐射带动功能，形成与主城区、西部新区及周边其他产业集聚区相辅相成的联动效应，带动"黑河—孙吴—逊克沿边开放产业带"协同发展。

（二）空间发展结构

黑河中俄跨境经济合作区坚持生态优先、产城一体、轴带延伸、组团发展，形成"双核、两廊、三轴、四组团"的空间布局结构。

"双核"即城市中心功能核、综合保税功能核。城市中心功能核，以口岸联检大楼、互市贸易区、中轴线上的国门为核心，组合商贸服务、科技创新服务、旅游、健康养生等高端现代服务功能，构建城市服务中枢；综合保税功能核，通过湿地公园自然分隔，打造以出口加工业、仓储物流业为主导的综合保税区，形成跨境经济合作核心功能区。

"两廊"即生态绿廊、沿江文化旅游廊。生态绿廊，沿水系、绿地、湿地等自然生态资源控制形成东西横贯规划区域的生态廊道；沿江文化旅游廊，对东侧沿江生态文化进行布局，形成融文化体验、旅游观光、娱乐休闲于一体的沿江旅游景观带。

"三轴"即城市功能发展轴、区域新兴产业发展轴、区域传统产业发展轴。中部城市功能发展轴，以黑龙江大桥为轴线，串联主要功能组团，构成新型城市化发展轴；北部区域新兴产业发展轴，以新型能源装备制造、生物育种及生物医药、新型建材等为支撑，形成区域新兴产业协同发展轴；南部区域基础产业发展轴，以石化、矿产储运和高载能产品加工为支撑，形成区域传统优势产业和资源特色产业协同发展轴。

"四组团"即核心综合组团、基础产业组团、新兴产业组团、大宗物流组团。核心综合组团，位于桥头区（中俄国际科技产业城），规划布置综合保税区、口岸功能区、互市贸易区，以及商贸服务、科技创新服务、旅游、健康养生等功能区，形成未来规划区的主中心；基础产业组团，以站东工业物流园区、南部工业物流园区及五秀山工业园区为基础，发展以机电产品进出口加工、轻工电子产品进出口加工、木材加工等为重点的传统优势产业和以高载能产品加工、石化矿产储运、绿色农产品进出口加工等为重点的资源特色产业；新兴产业组团，以西南工业园区为基础，发展以新型能源装备制造、生物育种及生物医药为重点的战略性新兴产业；大宗物流组团，围绕未来规划的铁路编组站，发展石油、天然气、煤炭、铁矿石、磷灰石、木材等大宗物质资源进口储运。

三　跨境经济合作区的产业发展

以黑河中俄跨境大桥建设为契机，以聚集人流、物流、信息流"三流合一"的"黑河流"为基础，积极拓展资金流、智力流，不断丰富"黑河经济流"的内涵和外延，充分发挥两国资源、技术、政策优势，通过体制机制创新，形成跨境合作区内两国区域一体、产业链延伸互补、产业环节逐步升级、二三产业协调推进、边境两岸繁荣和谐的跨境特色产业体系。主要包括以下几大板块：

（一）国际贸易板块

做活边境互市贸易。落实好兴边富民政策，积极学习借鉴其他口岸城市边贸经验，用好用足沿边互市贸易相关政策，规范边贸操作体系，丰富边贸品种，提升贸易产品档次，构筑"双向流动，进出两旺"的边贸发展新格局。努力扩大对俄罗斯商品的进口，使更多的俄罗斯商人、更多的俄罗斯商品能够进入边贸流通领域，使边境贸易真正在中俄边境线上热起来。规划边境小额贸易集中交易区，规范操作，改变目前互市贸易"小、散、乱"，商品质量无监管、无保障的现状，使互市贸易能够在规范的基础上得以快速发展。引进培育一批小额互市贸易服务企业，提供专业便捷的商检、报关、物流服务。

创新发展保税商贸展销。发挥跨境、保税双重优势，规划建设现代化保税商贸展销平台，重点吸引国内外制造加工直销企业、国际连锁商贸企业进驻，建设采购商导向型专业市场。高起点规划建设设施完善、信息化程度高、交通及通关便利的专业保税展销平台。鼓励国内外进出口加工企业入驻设立产品直销展贸点，缩短交易链条，减少流通环节，降低综合成本。通过与区内配套建设的跨境电商物流配送平台相互支撑，积极推动电子商务等新型交易手段的应用普及。

重点发展特色贸易。改善营商环境，创新贸易手段，丰富贸易种类，提升商贸服务专业能力水平，扩大特色贸易在对外贸易中的比例。巩固黑河口岸传统机电、果蔬、俄电及大豆等优势贸易品种，扩大轻工电子产品对俄出口，加大对俄罗斯农产品、食品、手工艺品、木制品、机械配件等产品的进口，形成比较优势；开拓大宗物资的进出口新主力板块，出口方面主要包括建材、家居产品，进口领域包括石油、天然气、煤炭、铁矿、铜矿、玉石珠宝等品种。发挥跨境经济合作区和综合保税区、沿边重点开发开放试验区等政策叠加区先行先试优势，利用黑河市未来在东北亚能源、资源通道地位，积极促进采用"虚拟交易 + 物流网络"等商贸业与物流业结合的新方式，实现商贸与物流一体化发展。

（二）现代仓储物流板块

构建国际能源、资源进出口大通道。依托俄电、阿穆尔—黑河油品储运与炼化综合体、中俄天然气东线管道、云津基金中俄远东钢铁开发等大项目，继续加大中俄两国石油、天然气、煤炭、铁矿石、磷灰石、木材等大宗物质资源进口储运，依托扩展区和东北地区广阔的腹地，规划建设能源、资源国家战略物资储备基地。在做大大宗物资储运基础上，积极谋划专业园区，延伸产业链条，加大能源、资源深加工与合作开发利用，支持国内有实力的企业在跨境合作区俄方划定合作区内投资加工，形成两国园区彼此相互支撑，产业相互呼应，产业链配套发展的两旺局面。

发展进出口、转口贸易仓储物流。以黑龙江大桥建设为契机，进行黑河市交通运输网络综合立体规划，提升黑河港口、铁路、空港运载能力。发挥跨境合作区"境内关外、两国一园"的综合保税区优势，加大国际仓储物流基础设施建设，提升国际贸易服务能力水平，以中俄为主，日韩为辅，成为东北亚区域重要的进出口和转口贸易仓储物流区域节点。

培育绿色食品包装储运业。依托黑河市顺兴经贸有限公司8万吨果蔬包装出口加工、鹏程玉米烘干、尚元薯业、中俄黄金子粮食仓储物流中心等项目，发挥跨境合作区综合保税仓配额、仓储、加工保值升值功能，重点发展俄罗斯、黑龙江省有机绿色农产品进出口，包括大豆、小麦选装加工，蔬菜水果反季节冷藏储运，水产品加工储运，平衡中俄市场供需稳定性，带动中俄农业基地化、产业化发展，提升中俄农副产品价值。

培育跨境电商仓储物流配送等新兴物流。依托大黑岛国际商贸城、中俄自由贸易城、中俄互市贸易俄罗斯商品交易市场等项目基础，发挥跨境合作区保税仓储、物流和跨境商贸服务双重优势，大力发展跨境电商仓储物流配送，建立大型电商跨境仓储物流平台，简化报关程序，加快国际订单物流配送响应时间，成为东北亚区域电商仓储物流配送专业基地。

（三）进出口加工板块

传统优势产品制造加工业。发展机电产品进出口加工，依托利源达等企业所拥有的业务网络、销售渠道和境外服务基地，重点发展重载汽车、农用机械、工程矿山机械、特种车辆的装配、改装及修配、新能源汽车，以及配件、五金工具加工配送，形成"机电产品零件和部件生产—整车（机）总装—整车（机）出口—维修服务和配件供应"产业链。发展轻工电子产品进出口加工，利用跨境园区、综合保税区政策优势，吸引沿海企业以贸促工，重点发展五金电器、家用电器、厨房小家电、数码通讯、安防电子、LED 照明与户外大屏等电子电器产品的组装加工出口。发展木材及新型建材进出口加工，利用中俄两国资源与市场，依托东方新型建筑材料、益佳木业等企业基础，重点发展新型墙体材料、保温材料、木塑、环保水溶性乳胶、油漆、特种水泥、建筑材料添加材料、建筑玻璃等新型建材和木制家具、门窗组件、预制构件。

资源特色产品加工。发展新材料产业，利用黑河市协议俄电成本优势，依托合盛、龙江化工等重点企业良好的产业基础，重点发展高纯度有机硅材料及硅胶、硅合金、多晶硅、单晶硅、碳化硼、蓝宝石、电石等现代工业所需新型材料，并不断引导延伸产业链，发展太阳能电池板、蓝宝石镜片、蓝宝石衬底材料、LED 灯具等下游附加值较高的产业环节和产品。依托中俄合作云津 500 万吨铁精粉、多宝山铜矿、翠宏山铁矿、争光岩金矿、东安金矿等大项目和资源优势，向下游延伸，发展特种钢、钢板、钢结构件；不断延长铜深加工产业链条，生产铜锭、铜棒、铜板、铜带、铜线、铜箔、铜合金零部件等产品。发展绿色食品进出口加工，依托黑河为全国唯一有机大豆认证基地和俄罗斯大豆指定回运港的优势，重点发展大豆、玉米、小麦深加工和蔬菜水果、鱼鲜、肉类、水果等资源优势产品仓储及进出口加工。发展珠宝玉石设计加工，依托国内和俄罗斯稀有贵金属和珠宝玉石资源，发挥黑河港口珠宝玉石定点进口优势，面向国内外市场，整合中俄两国的资源和产业优势，在保税加工区引进拥有产品研发设计能力、精深加工能力和国际市场开拓能力的深港知名品牌企业，鼓励国内企业走出去，在俄罗斯投资珠宝玉石矿山购买、采矿和粗加工，在黑河市进行深加工、精加工。重点发展俄罗斯有丰富资源优势的玉石、紫金、琥珀、钻石和黑河沙金、逊克玛瑙产品，突出设计、精细加工附加值。同时大力发展珠宝玉石电子商务和网上交易、高端个性化定制，开展期货交易、投资保值等创新业务。

（四）战略性新兴产业板块

新型能源装备。随着中俄能源全面合作时代的开启，两国在油、气管道、站的基础建设将进入建设高峰期，对油、气钻探、开采、储运及深加工所需装备需求将快速上升。黑河市应依托鸿硕新材料、瑞达经贸等企业基础，利用黑河市在中俄合作中的地理优势和出口加工基础，以贸易带动加工，加工促进贸易，重点发展量大面广的油气化工管道、泵、阀门、仪器仪表、专用工具等能源装备的进出口加工。

生物产业。黑河市应充分发挥中俄资源技术优势，大力吸引全球高端企业和人才，培育寒带动植物育种、生物复合肥、高档有机肥，中成药饮品及保健品，大豆异黄酮、蛋白粉，林蛙油、深海鱼油等未来高端产业，重点满足日韩欧美、国内高端需求。

（五）现代服务业板块

商贸、生产服务业。充分发挥黑河市、布市在通晓俄语，熟悉两国经商文化上的资源优势，大力发展商贸翻译、商务考察与项目对接组织、金融租赁、投融资中介、金融保理、保险、法律咨询、国际第三方质量检测检验、验货公证、国际货代、报关等配套完善的专业商贸服务。依托大黑河岛等互市贸易点，大力支持发展保税区商品展示交易、采购销售代理、跨境电商等国际商贸产业，推进中俄本币交易结算应用平台，扩大跨境人民币业务试点。

教育培训。充分发挥地缘优势，积极争取国家层面及省政府的支持，全面推动两地教育不断发展。一是扩大高等教育合作，按照"一园多校、市校共建、传统与远程相结合"的模式创办中俄国际大学城和虚拟大学，培育中高端创新人才和技术专才。二是积极推动职业技能教育，培育两国合作紧缺的翻译、导游、商务、工商管理方面商贸人才。三是发展音乐、美术、舞蹈的专业素质领域人才，推进双语教育，为加强两国文化教育长期交流发展打下坚实基础。

文化创意产业。充分发挥俄罗斯在油画、版画、民族工艺品领域的独特魅力和人才优势，与黑河市优美的自然环境及本土文化相结合，吸收深圳大芬村、龙岗版画村等文化产业化经验和人才，重点发展俄罗斯原创油画、版画的国际产业化，并不断推动两国在商业演出、文化创意方面的深化合作。

旅游服务与健康养生。发挥黑河市地理、生态、绿色有机、生活、医疗配套方面的独特资源优势，积极发展跨境旅游总部经济和健康养生产业，内容主要包括跨境旅游服务、专业会务展览策办、文化旅游策划推广及旅游电子商务。大力发展国际健康养老、国内夏季候鸟式养老和火山矿泉主题疗养产业，促进旅游产业服务能力和服务层次不断提升。

科技创新。充分利用两国优势，大力发展航空航天、军工技术转化、石油化工、高科技农业育种、生物医药等领域的科技项目孵化与产业化应用转化。数据存储与软件外包，双方开展联合技术攻关等科技合作方面，是中俄双方在未来产业合作升级中都非常关注和急迫需要的。

四　跨境经济合作区的重点建设项目

（一）口岸功能区

口岸功能区主要包括：过境车辆待检区、货旅通道区、海关查验作业区、旅客检查区、配套办公区、观光区、配套停车场及其他附属设施，根据《黑河—布拉戈维申斯克黑龙江（阿穆尔河）界河桥可行性研究报告（2005 年版）》，口岸设计通关能力为 300 万人次／年，车辆 5000 辆／天、货物 400 万吨／年。规划占地面积 400 亩，建筑面积 25 万平方米。口岸功能区规划总投资 5 亿元，预计 2018 年与中俄跨境大桥同步建成启用。

（二）综合保税区

综合保税区是发展跨境经济合作区的核心和必要基础，包括保税仓储区、保税物流区、保税商品展贸区、保税进出口加工区。总规划面积 8 平方公里，分两期建设，一期建设面积 3 平方公里。

保税仓储区。保税仓储区是综合保税区的重要组成部分，属海关全方位监管区域。根据不同货物类别分为：散货堆放区、货柜堆放区、货仓仓储区、冷库仓储区及其他罐库专业仓储区及配套办公区。保税仓储区规划占地面积 850 亩，建筑面积 15 万平方米，投资 6 亿元，计划 2016 年建成启用。

保税物流园。保税物流园主要由换装转运区、配货区、跨境电商仓储配货区及配套办公区组成，主要发展一般保税物流、跨境陆港、保税商品展贸、保税进出口加工等业务。

（三）边民互市贸易交易区

设立黑河边民互市贸易交易区的功能定位为中俄两国边民提供规范化的集中交易场所，目的是克服当前黑河边境贸易规模小、参与人数少、辐射影响力有限的不足之处，促进黑河边境贸易转型升级。黑河互市贸易交易区总占地面积200亩，建筑面积25万平方米，总投资10亿元。入驻边贸服务公司100家，日参与交易1万人次，年交易额达到100亿元。

（四）大宗商品物流园区

园区设于黑河市总体规划中铁路两侧的南部工业物流园区、站东工业物流园（其中石油、天然气以国家发改委备案地址为准），园区高起点规划，配备环保、安全防范智能监控设施，实行作业区封闭式管理，根据产品特点提供专业的储存、转运和简单分包加工服务。

园区规划总投资20亿元，年服务收入50亿元，占地5000亩，建筑面积50万平方米。规划石油储转运能力500万吨，天然气储转运能力400万立方米，煤、矿散货仓储转运能力500万吨。

（五）黑河云谷

利用黑河市全年低温稳定环境，充分发挥黑河市对岸布市大学城人力成本和科技优势，黑河市俄电成本优势，引进国内外大型数据服务公司，重点发展大型行业云数据存储，灾备后台，教育、医疗、金融、安防等行业专业大数据运行平台，跨境电商数据业务，并延伸发展数据挖掘和软件外包等数据业务。项目规划占地400亩，总建筑面积20万平方米，总投资15亿元，年服务收入8亿元。

（六）中俄国际旅游开发集散中心

中俄国际旅游开发集散中心的功能定位为黑河旅游产业总部基地、黑河边境口岸形象性建筑。融黑河旅游服务企业总部办公、专业会务服务公司办公、中俄边境办证、旅游信息咨询、旅游交通集散等公共服务以及品牌购物、特色餐饮、现代游乐、风情体验和城市休闲等功能于一体，支撑黑河市旅游产业集聚发展，提升黑河市旅游服务水平和能力。中俄国际旅游集散中心规划占地 200 亩，总建筑面积 20 万平方米，总投资 4.5 亿元。

（七）中俄科技创新中心

中俄科技创新中心致力于打造集科技信息交流、学术交流、新技术新产品展示、技术转移、创业孵化、科技培训、成果推广及协调管理等诸多功能于一体的"一站式"中俄科技合作平台，以"创新院、交流基地、转化基地"三位一体代替过去单纯的项目引进合作方式，实现搭建平台、共享信息、转化项目的三重目标。科技创新中心规划占地 250 亩，总建筑面积 30 万平方米，包括中俄科技合作创新院、中俄科技交流基地、中俄科技成果转化基地三部分。

（八）中俄国际教育城

中俄国际教育城由黑河市政府以整合市属重点教育资源为基础，引进俄罗斯和国内知名高校、科研院所共同创办。教育城按照"一园多校、中俄共建、传统与远程相结合、学习与科研相结合"的模式创新办学。

合作创办中俄联合科技大学，开展本科、硕士、博士等学历教育，以"2＋1""2＋2""3＋2"（即国内 N 年＋国外 N 年）等创新办学方式，完成学业学生授予双毕业证书；合作创办中俄联合研究生院、重点工程实验室，重点培育高端科技研究人才、专业人才，推进中俄科技合作与成果转化；合作创办中俄职业技术学校，重点培育中高级技术人才、技师、技工、翻译、导游等专业技能人才，为中俄区域经济发展培育输送产业技术骨干人才；合作创办中俄联合艺术学院，培育培养语言、绘画、音乐、舞蹈等专业素质人才。大学城规划占地面积 3000 亩，总投资 20 亿元，办学规模 15000 人。

（九）黑河国际文博汇

黑河国际文博汇是黑河市文化艺术、旅游、经济交流展示的核心场馆。规划占地面积 100 亩，建筑面积 20 万平方米，总投资 5 亿元。主场馆建设面积 8 万平方米，附属场馆建设面积 12 万平方米。

（十）黑河国际金融街

由市政府在商务中心区统一规划建设黑河国际金融一条街，金融街统一设计为独栋低层俄式风格建筑，每栋占地 15—20 亩，一栋一企，引进 10—15 家国际国内知名银行、国际知名投资证券公司，打造黑河国际金融服务中心。国际金融街规划占地 300 亩，总投资 10 亿元。实现年金融交易结算 1 万亿元。

第三节　加快打通对俄合作大通道

随着中俄全面战略协作伙伴关系的不断深化，边境地区合作交流日益紧密，特别是中俄黑龙江公路大桥等重大互联互通基础设施项目的加快建设，对完善跨境合作大通道提出了新的要求。

一　积极推进北黑铁路升级改造

（一）推进北黑铁路升级改造的必要性

建设"一带一路"中蒙俄经济走廊的需要。黑河市地处东北亚中心，是中蒙俄经济走廊哈黑通道、沿边通道的重要节点，在黑龙江省乃至全国沿边开放格局中具有重要战略地位。《国务院关于近期支持东北振兴若干重大政策举措的意见》[①] 提出，将

---

① 《国务院关于近期支持东北振兴若干重大政策举措的意见》，2014 年 8 月 8 日，中国政府网，http：//www. gov. cn/gongbao/content/2014/content_ 2739396. htm。

加大国际运输通道建设力度，打通经俄罗斯的中欧铁路大通道，重点开展中俄抚远、黑河等跨境铁路项目前期研究，积极推进中俄铁路通道建设。《中共中央国务院关于全面振兴东北地区等老工业基地的若干意见》① 提出，要实施东北地区低标准铁路扩能改造工程，改善路网结构，提升老旧铁路速度和运力。北黑铁路是国家铁路网的一部分，是中国沿边铁路的重要组成部分，向北经韩黑线联通大兴安岭，向东经黑河—乌伊岭线联通伊春，向南可直达省内主要城市哈尔滨、齐齐哈尔等，并通过哈大线、平齐线、沈山线、秦沈线，与吉林、辽宁和内地连接。经俄境内铁路支线可与西伯利亚铁路和贝阿铁路两条铁路大干线连接，西去可通往赤塔州及俄乌拉尔山以东的欧洲部分，东去可直达哈巴罗夫斯克、符拉迪沃斯托克（海参崴）等俄远东重要城市。北黑铁路升级改造，将使东北铁路网更加完善，在中国东北地区与俄远东地区之间形成一条便利的运输通道。

实施黑龙江省"五大规划"战略的需要。黑龙江省委十一届六次全会提出，"十三五"时期将创新发展实施"五大规划"作为全面建成小康社会的重要举措。《黑龙江和内蒙古东北部地区沿边开发开放规划》② 提出，赋予黑河市对外开放先行先试政策，加强面向俄罗斯铁路大通道建设，形成扇形放射铁路网，其中北黑铁路就是国家北向通道的重要组成部分。加之当前，受国际油价低位震荡影响，黑龙江省经济面临较大下行压力，充分发挥独特的区位优势，进一步扩大对俄开放，将成为黑龙江省培育新的经济增长点，促进经济稳增长重要潜力所在。加

---

① 《中共中央国务院关于全面振兴东北地区等老工业基地的若干意见》，2016 年 4 月 26 日，中国政府网，http：//www.gov.cn/zhengce/2016–04/26/content_ 5068242. htm。

② 《黑龙江和内蒙古东北部地区沿边开发开放规划》，2013 年 8 月 9 日，国家发展改革委网站，http：//www.ndrc.gov.cn/zcfb/zcfbtz/201309/W02013092335549 6142867. pdf。

快北黑铁路升级改造，将有利于消除哈绥北黑大通道的瓶颈制约，同时对于引进俄罗斯资源能源，深化双方资源能源合作，加快对俄合作转型升级具有重要战略意义。

对俄资源能源合作的需要。俄远东地区资源极其丰富，已探明石油储量1.8亿吨，天然气预测储量13.4万亿立方米，煤炭地质储量5.5万亿吨，铁矿储量25亿吨。近年来，黑河市积极支持企业"走出去"，参与俄远东地区开发，引进了俄电力、煤炭、燃料油等，为国家资源能源建设做出了重要贡献。目前，正在推进境外油品和铁矿煤矿开发等项目前期工作，阿穆尔—黑河边境油品储运与炼化综合体项目已经国家发改委核准，境外工程已开工建设，项目建成后年输油能力将达到500万吨。云津基金、首钢集团与俄伊波拉斯集团合作开发南雅库地区铁矿，计划在俄方建设年产1000万吨钢铁厂。中俄东线天然气管道工程开工建设。升级改造北黑铁路，提升运输能力，将解决北黑线运力不足的瓶颈，加快引进俄资源能源进程，满足国家经济发展需求。

确保铁路安全运输的需要。北黑铁路复建时路基几乎是利用日伪时期的旧路基，一些桥涵也为日伪时期的复旧设施，1995—2002年，虽对线路上部构造（道床、轨枕、钢轨）进行了改造，但钢轨均使用的是国铁淘汰的再用钢轨，使用年限已逾30年，材质老化已进入疲劳期，伤损钢轨逐年增多。利旧的线路路基病害处所较多、御洪能力较差，2003年因连续降雨发生水害断道40天，2013年因水害停运29天，2014年因水害停运58天，且2014年曾因水害造成货物列车颠覆事故，给行车安全带来了较大的威胁，也给百姓出行和货物运输造成了极大的影响。

（二）推进北黑铁路改造的方案

吉林铁道勘察设计院有限公司根据黑河市政府关于开展北黑铁路（龙镇—黑河段）扩能改造前期工作的要求，对北黑铁

路（龙镇—黑河段）扩能改造先后做了两版（分别为：时速
80—100千米/时、160千米/时）的预可研报告。如将北黑铁路
既有线改造为时速100千米/时，需要投资约23亿元；如将北黑
铁路既有线改造为时速160千米/时（预留电气化改造条件），
需要投资约53亿元。目前考虑两种推进方案：一是通过国有铁
路、地方铁路资产重组，将黑河铁路整体划归国有铁路管理，
从而由国家铁路改造资金完成北黑铁路升级改造。二是通过招
商引资和向上争取筹措资金完成北黑铁路升级改造。

二　加快推进沿边跨境铁路通道建设

推进"哈绥北黑"铁路过境通道建设。在谋划推进北黑铁
路升级改造的同时，超前对建设跨境铁路大桥开展前期研究工
作，从黑龙江大桥出境至俄布市，实现哈黑线与俄西伯利亚和
贝阿远东大铁路互联互通。

推进沿边铁路通道建设。尽快启动实施韩家园子—黑河—
乌伊岭沿边铁路，并以此为支撑，通过黑河口岸，探索建设俄
罗斯宽轨线路入境至黑河，与俄罗斯西伯利亚大铁路、贝阿铁
路相连。同时，加大北五、五嫩铁路谋划建设力度。

三　大力推进沿边公路通道建设

如期完成黑龙江公路大桥建设。尽快启动跨江索道建设，
依托吉黑高速，打通北部出境通道，形成联通俄远东交通物流
大通道。

推进沿边公路建设。完善以黑河、逊克口岸和沿边重点镇
为连接节点的公路网络体系。

四　抓紧开通黑河国际航空通道

把黑河瑷珲机场打造成国际航空港，开通连接俄罗斯国际
航线，逐步扩大到日本、韩国等东亚国家。依托五大连池支线

机场，开通国内外旅游航线。推进嫩江通用机场升级改造。

五　积极推进"冰上丝绸之路"通道建设

以黑河港（逊克港区）为重点，加快推进国际陆海联运通道，推进黑河—阿州—萨哈—北冰洋国际运输大通道建设，串联起一条"冰上丝绸之路"珍珠链。

六　着力打造能源资源管线通道

依托中俄东线天然气管道（黑河市域内）和中俄漠大原油管道二线（嫩江段）以及黑河—阿穆尔油品管道，打通对俄资源能源大通道。充分发挥中俄三条跨境输变电线路作用，扩大俄电引入规模，发展硅基、硼基等新材料产业。

第四节　设立中俄跨境旅游合作区

按照国家和黑龙江省关于"一带一路"倡议、"中俄蒙经济走廊"规划方案总体部署，加快构建立足黑河、服务全国的中俄合作高地，深化黑河市与俄布拉戈维申斯克市跨境旅游合作，积极推动两岸旅游基础设施建设、公共服务设施建设、跨境旅游线路产品开发、旅游要素主体培育，为中俄跨境旅游合作提供典范。

一　合作平台

（一）确定合作区域

俄方区域：分三期规划。一期主要以布市主城区沿江旅游带及金色海里旅游综合开发区为重点，二期连接中俄公路大桥桥头超前经济发展区，三期延伸至布市行政区内。

中方区域：分二期规划。一期以黑龙江省黑河市爱辉区大黑河岛口岸区域为核心，与黑河边境互市贸易区的规划范围一致，规划面积 15 平方公里；二期以中俄公路大桥桥头区为重点，可根据实际发展需要把黑河市其他县市区、五大连池风景区作为拓展区。

（二）建立合作机制

建立跨境旅游合作区协调理事会。由中国国家旅游局和俄罗斯阿穆尔州对外经济联络、旅游与商业部领导担任跨境旅游合作区协调理事会主席，代表国家层面采取会议方式就跨境合作区内规划、用地、项目选址、评估及资源整体开发、旅游产品建设、联合宣传推介、平台链接、旅游服务推广、旅游市场监管、旅游安全保障等方面议题和相关政策进行协商，重大事项报各自中央政府批准。

建立黑河市中俄跨境旅游合作区管理委员会。由黑河市党政主要领导兼任主任，管委会办公室常设机构设在黑河市旅游发展委员会，其他内设机构可根据工作需要设立。条件成熟时双方协商共同组建中俄跨境旅游合作区管理委员会。

双方合作方式。由中俄两国政府签订跨境旅游合作区合作框架协议，由双方政府批准或授权协调理事会部分边境管理、口岸管理、经济管理、社会管理等权限，对跨境旅游合作区建设的主权让渡、法律框架、运行模式、监管方式、优惠政策、市场准入、争端解决等重大问题予以规定。建立高效的合作协调机制、对等协商机制和信息互换机制，以定期会商、联席会议等形式，及时向双方通报自然灾害、疫病疫情、违法犯罪案件情况，实现信息共享；优化边防检查、海关监管和检验检疫的手续和游客、车辆通关流程，在各自法律法规框架下，解决好口岸、边境、外事、海关等方面所涉及的问题。

建立非政府间运行机制。主要通过省、市级旅游协会与俄阿州旅游协会、世界无国界旅游组织合作进一步促进跨境旅游合作区内相关行业的专业化和规范化。非政府组织之间联合推动形成良好的旅游营销、社会投融资体制和机制，畅通社会和民间的旅游营销和投融资渠道，增进双边民间的交流与互动，促进跨境旅游合作区的发展和巩固。

（三）强化监管措施

加强多部门联动。交通与海关、检验检疫、边检等联检部门为从事跨境运输的车辆办理出入境手续和通行提供便利保障；口岸办和交通运输部门积极争取开通中俄两国公民自驾 8 座以下小型车辆自驾游，做好自驾车运行限定区域的划分与建设工作；规范自驾车出入境车辆管理，简化通关手续；交通和公安交警部门设立口岸交通管理服务站点，便捷办理临时入境机动车牌证。

加强口岸能力建设。统筹规划口岸新建 4800 平方米旅检入境大厅与原有口岸大厅布局，充分利用新增的两条自助查验设施和 6 条人工查验设备，实施出入境分开、旅贸分设的通关模式，完善通关环境，提高通关速度。积极推进口岸联检部门间实现"信息互换、监督互认、执法互助"大通关建设；充分应用"双随机"改革成果，在确保严密监管的基础上，为进出境物品及人员提供通关便利。

加强集中查验场地建设。口岸联检部门要深化关检协作，推动非侵入式检查设备关检共享共用，提高口岸查验效率；加强与俄罗斯海关合作，进一步扩大中俄海关监管结果互认试点范围；加强与俄罗斯边检部门沟通，就"一地两检"查验模式开展磋商；探索口岸执法部门联合监管，在符合边检自助通关条件的旅客流量较大口岸建设出入境边检自助查验通道，推进旅客自助通关。在旅客出入境较集中的口岸，推行"一站式"通关服务，开展"前台查验、后台处置"的查验模式，设置团队游客绿色通道，提高跨境游客通关效率。

二　合作重点

（一）人员车辆往来便利化

促进双方签订跨境旅游合作协议。加强中俄两国政府间的沟通协调，发挥国家和地方政府的积极性，在法律法规框架下，允许游客或车辆凭有效护照或双方约定的合法出入境证件进入双方划定区域，双方主管机关按照各自有关法律对出入境人员、车辆及行李物品等实施查验和监管，并对从事商贸活动的非边境地区居民实行与边境居民相同的出入境政策。

实施口岸签证。公安部门在提供优质高效便捷服务为外国人办理一次签证的基础上，进一步推进多次往返口岸签证工作，便利外国人多次往来。

承接旅行社审批权下放。组织实施《边境旅游管理办法》，放宽边境旅游管制和非边境地区居民参加边境旅游的条件，便利非边境地区居民参加边境旅游。允许边境旅游团自由选择出入境口岸。完善边境旅行社审批权下放到边境地级市黑河的审批管理制度。协调边检部门更加科学合理地开发边旅游线路，增加游览天数。

促进自驾游项目开通。在省口岸办已向国家口岸办提交双向开通黑河口岸8座以下自驾车跨境旅游项目以及俄阿州政府向俄联邦政府提出申请，发挥地方政府作用的同时，积极推动交通运输部尽快将黑河市8座以下自驾车跨境旅游项目列入两国政府会谈中，积极推动签署中俄双边出入境自驾车（8座以下）管理的协定。在黑龙江公路大桥的建成时，开通跨境自驾游，助力双边旅游产业向便利化、智能化、全域化、国际化方向发展。研究推进跨境运输车辆牌证互认，为从事跨境运输的车辆办理出入境手续和通行提供便利和保障。

发挥离境退税政策优势。充分发挥黑龙江省首批境外旅客离境退税试点城市（黑河市）离境退税政策，扩大离境退税购物种类和退税商店范围，并将此政策由核心区向拓展区延伸，有力地促进境外游客在跨境旅游合作区范围内进行旅游消费、离境退税。

建立驻外旅游办事机构。建立双边定期会晤交流机制，共同研究跨境旅游合作区旅游外事工作。借助黑河市政府驻阿穆尔州办事处机构，增加旅游外事职能，派驻旅游外事工作人员，加强旅游部门与阿州（布市）外事部门的沟通和协调，解决境外旅游方面重大问题，及时解决矛盾纠纷，确保境外游客的人身财产安全。

（二）通关模式创新

提升口岸通关能力。统筹规划口岸新建 4800 平方米旅检入境大厅与原有口岸大厅布局，优化"一站式"通关模式，充分利用新增的两条自助查验设施和 6 条人工查验设备，完成检验检疫、边防检查、海关监管等查验设施的升级改造，实行新的出入境分离、客货分流、旅贸分设的通关模式，改善通关环境，提高通关速度，使黑河口岸过客能力由 200 万人次提升到 300 万人次。

推行"一地两检"查验通关模式。加强双方合作，与阿穆尔州（布拉戈维申斯克市）政府签订合作协议，在中俄跨江公路大桥桥头区建立联合监管区，实行旅客在同一地点办理出入境手续的"一地两检"查验模式，缩短验放时间，便捷旅客通关。建设跨江索道封闭区，争取在封闭区内游客可凭双方认可的证件自由往来。进一步探索旅客自助通关模式，适时加开团队游客绿色通道。

设立边境口岸交通管理服务站点。便捷办理临时入境机动车牌证。进一步落实游客带本国驾驶证在对方国可经公正办理临时驾驶证驾驶异国车辆事项。

三 合作内容

（一）旅游联合宣传推广

加强黑龙江省与俄罗斯联邦及阿穆尔州联合举办旅游推广和节庆活动，充分利用国家文化部和旅游部、俄罗斯联邦文化部及黑龙江省政府、阿穆尔州政府联合举办的中俄文化大集节庆活动，共同推广旅游产品和品牌，扩大"中俄双子城"影响力。利用两国旅游宣传推广平台开展跨境旅游合作区旅游宣传工作。借助中青旅旅游宣传营销平台，联合阿穆尔州布市政府和旅游协会、世界无国界组织和旅游企业，联合开展市场营销和外联工作，不断扩大跨境旅游合作区的影响力和知名度。

（二）旅游资源整体开发

积极推动旅游资源的合作开发。中方借助国家加大对旅游基础设施和服务设施项目投入力度的机遇，争取国家旅游局在贷款贴息项目、红色旅游、界江旅游、旅游停车场、标识、旅游营销等方面的资金支持，不断夯实旅游业发展基础；加快大黑河岛综合开发；推进知青文化产业园、中俄国际文化旅游岛项目建设；加快瑷珲古城历史文化旅游总体开发、乡野公园规划、新生鄂伦春民俗旅游总体开发，打造"瑷珲国际漫城"；推进中俄国际养生城、五道豁洛康疗养生岛项目；筹建中俄文化博览中心；争取开通黑河国际空港。允许两国公民共同乘坐国外航空公司飞机。推动国外旅客在黑河市实行 144 小时过境免签政策，争取国外旅客和中国公民在俄阿州境内 72 小时免签。俄方通过远东大开发规划，带动阿穆尔州超前经济发区建设，尤其是沿江旅游观光带、金色海里、远东第一购物商城"军舰"项目建设；对入驻合作区的中俄旅游项目要加快规划、立项、用地等审批（备案）程序；新增建设用地指标应适当向旅游项目倾斜。

创新发展旅游项目，大力开发中俄文化演艺事业。挖掘有地方特色的民族文化，打造夜经济生活，开发俄罗斯驻场演出、界江游轮俄罗斯风情演出等，提高文化休闲品位。融合项目建设、节庆赛事、康养运动、市民休闲运动培育体育关联产业，重点推进寒地赛车、低空飞行、国际马拉松、冬季冰雪运动和中俄体育旅游赛事等，常态化打造具有中俄特色的国际化、边境特色的旅游产品。支持合作区内的旅游投资，研究设立中方控股、外资参股的演出经纪机构。

（三）旅游产品线路共建

支持开通"一带一路"沿线国际旅游城市间航线，支持开通和增加国内主要城市与沿边旅游目的地城市间的直飞航线航班或旅游包机。争取开通黑河国际空港。允许两国公民共同乘坐国外航空公司飞机。推动国外旅客在黑河市实行 144 小时过境免签政策，争取国外旅客和中国公民在俄阿州境内 72 小时免签。

进一步加强黑河市旅游景区道路、标识标牌、应急救援等旅游基础设施和服务设施建设，完善五大连池国家 5A 级景区道路、标识标牌、应急救援等旅游基础设施和服务设施建设；加快推进黑龙江省两极自驾黑河段逊克、孙吴、瑷珲旅游交通标识标牌建设以及各县市区景区道路、标识标牌、应急救援等旅游基础设施和服务设施建设。

积极研究跨境旅游产品线路的规划设计，根据游客的需求，设计出符合游客需求的旅游产品，分别投放到老年健康养生、差旅商务等大众市场和儿童亲子游、极限运动等个性化高端市场。积极与俄阿州旅游部门和旅游企业设计推出赴俄狩猎、垂钓、射击、马术旅游线路和产品，推动开发跨境自驾、差旅商务、文化教育、体育赛事等新业态旅游产品，进一步挖掘俄罗斯乡村民俗体验游，努力实现旅游产品的升级换代，由传统的观光产品向深度体验产品转变，升级跨境旅游产品线路的内容和品质。推进逊克口岸开展边境一日游、两日游乡村旅游线路和产品，增加跨境旅游产品供给。积极探索孙吴国家一类口岸开通边境旅游线路，带动孙吴县域旅游经济发展。

（四）旅游行业监管

加强旅游市场监管合作，在已有的黑河市与布市消费者投诉协调处理机制的基础上，将黑河 12345 市长热线、12301 国家旅游投诉平台与阿穆尔州旅游咨询投诉网络对接，联合整治跨境旅游市场违法侵权行为。

加强领保、边防、交通、旅游、检验检疫等领域的安全合作，保障游客人身和财产安全。及时提供双方国家关于风俗禁忌、气候条件、治安状况、疫病疫情、法律法规等方面的信息服务，以便游客采取相应预防措施，避免触犯相关法律法规。加强中俄旅游警察执法合作，加大对合作区执法合作的授权，建立公安机关旅游警察、边检、禁毒、边防、海关、检验检疫等执法部门对口合作机制，进一步加强禁毒禁赌、打击恐怖主义、非法出入境、追逃、拐卖人口、走私等方面的跨境执法合作。

按全域旅游、标准化旅游城市要求，联合制订景区、饭店、餐饮、交通、卫生等设施的地方性服务标准，用中俄两国文字、语音提示，并在合作区内进行推广，形成合作区的无障碍游览解说系统。

第五节　设立对等开放的中俄互市贸易区

边民互市贸易是指边境地区边民在中国陆路边境 20 公里以内，经政府批准的开放点或指定的集市上、在不超过规定的金额或数量范围内进行的商品交换活动。

一　对等开放的必要性

目前，黑河中俄边民互市贸易区为中方单边设立，使得黑河市与布市两国两地互市贸易出现了不对等现象,中国公民办理赴俄手续繁杂,在俄旅游购物受到很多限制,影响了互贸区进一步发展。随着中俄各领域合作全面深化,协调俄方建立互贸区具有重要意义。

(一) 有利于实现两国边境地区互利发展

根据《国务院关于促进边境地区经济贸易发展问题的批复》(国函〔2008〕92号) 规定,从2008年11月1日起,将边民互市进口的生活用品免税额度,由原来的每人每日人民币3000元提高到每人每日人民币8000元。由于俄方没有建立互贸区,这项政策始终没有落实到位。如果俄方建立互贸区,通过这项政策,将加强两国边民贸易往来,提高边境地区人民生活水平,促进双方资源、产业和市场实现优势互补、深度对接,推动两国边境地区经济繁荣发展。

(二) 有利于扩大两国边境地区旅游合作

由于中国公民出境限制条件较多,出境游相对发展缓慢,黑河市出境游人数仅占边境游总数的36.4%。目前,黑河市正与俄布市共同实施"中俄双子城"旅游规划,联合开发贝加尔湖生态游、布市垂钓游、跨境自驾游等特色线路,如果俄方建立互贸区,简化进入手续,将有更多游客通过黑河市赴布市旅游观光,进一步深化两国旅游合作。

(三) 有利于加强两国边境地区人民友好往来

2010年以来,双方联合举办8届中俄文化大集,并上升为国家级文化交流项目,已成为中俄跨境文化贸易合作的重要平台。如果俄方建立互贸区,两地人民可保持经常性的友好往来,开展文化体育等交流活动,对增进两国人民友谊起到积极的促进作用。

二 边民互市贸易的组成部分

旅贸出口。自1999年开始,黑河市累计实现旅贸出口额20

多亿美元。代理旅贸出口的主体只有大岛经贸公司1家,从事旅贸出口人员基本为持简化手续进入黑河互贸区的俄罗斯公民,常年从事旅贸出口的俄方人员300多人。俄方执行的政策是每月入境一次的俄参贸人员可携带50公斤免税商品,每月多次携带民贸商品入境的俄参贸人员每次允许携带25公斤免税商品。

互市贸易进口。2014年7月,互贸区民贸监管点通过哈尔滨海关正式验收。2015年5月,互市贸易交易点通过哈尔滨海关验收,自此正式开展互市贸易进口。2015年,互市贸易进口1771万美元,2016年,互市贸易进口1239万美元。① 主要商品有面粉、食用油、巧克力等。

三 在俄布市设立对等开放的互贸区

建议从国家层面协调俄方在布市对等设立中俄边民互市贸易区,参考黑河市现行的《黑河市中俄边民互市贸易区管理办法》和《黑河市中俄边民互市贸易区优惠政策》,在俄方互贸区内实行有关优惠政策,简化出入境手续,允许中国边民持身份证或边民证,自由出入布市相对封闭的区域旅游观光、休闲购物,促进中俄边民互市贸易健康有序发展。

---

① 数据来自黑河市商务局。

附　录

释放中俄边境地区巨大潜能
推动农业合作提档升级

——在中俄农业地方合作愿景展望圆桌会议上的发言
(2018 年 7 月 10 日)①

尊敬的各位领导，女士们、先生们、朋友们：

大家好！

我来自中俄边境线上最大的中方城市、与俄罗斯阿穆尔州首府布拉戈维申斯克并称为"双子城"的黑龙江省黑河市。很高兴在第五届中俄博览会期间参加今天的圆桌会议，这是中俄创新地方合作方式的务实之举，对于充分挖掘两国农业合作潜力，推动更广泛的地方农业合作，具有特殊意义。

当前，中俄关系进入历史最好时期，沿边地区是深化中俄合作的重要推动力量。黑河作为中国首批沿边开放城市，20 世纪 80 年代以来，以一船西瓜换一船化肥为起点，创造了中苏和中俄经贸合作史上边境贸易、边境旅游、经济合作、金融结算、微波通讯"五个第一"，已经从国家地理版图的边缘，变成对外开放的前沿和窗口，并成为"一带一路"与欧亚经济联盟对接

---

① 作者谢宝禄，黑河市原市长，研究员、经济学博士。

的黄金支点。中国改革开放 40 年是黑河对苏、对俄合作不断升级的 40 年，先后与布拉戈维申斯克、雅库茨克等 9 个市区建立了友好城市关系，开展了经贸、旅游、人文领域全方位的合作，特别是发挥毗邻俄远东地区最大的粮食主产区阿穆尔州的区位优势，不断深化对俄农业领域交流，创造了"五个对俄合作之最"。第一，黑河是在俄种植养殖规模最大的中国城市。有对俄农业合作企业 11 家，种植面积 134 万亩，猪牛禽大型养殖场 5 处，鲜蛋产量占阿穆尔州的 40%。第二，黑河是开展对俄粮食贸易最早的中国边境口岸。第一个将俄罗斯大豆、大豆油、大豆磷脂和春小麦进口到中国，1994 年以来累计回运大豆 135 万吨，占黑龙江进口俄大豆的 60% 以上。第三，黑河拥有产业链最全的农业跨境合作园区。辟建了中国首批边境经济合作区、国家级农业科技园区、对俄进出口加工产业园和 B 型保税区，建成了以水果蔬菜为重点的对俄农产品出口基地，面积超过 20 万亩，蔬菜出口率达到 50% 以上，是阿穆尔州和萨哈（雅库特）共和国水果蔬菜的主要供应地；在俄罗斯远东地区最大的农业合作综合体——北丰阿穆尔农业产业园区，已投资 3000 万美元，入驻企业 6 家，正在打造集有机种植、肉牛养殖与冷藏加工为一体的生产加工园区，预计年产值 15 亿元人民币，被列入中国财政部、商务部境外园区目录。第四，黑河拥有引领作用最强的中俄跨境电商平台。在莫斯科、车里雅宾斯克等地建设了 10 个海外仓，利源达公司中机网是国家级的对俄农业工程机械电商平台，俄品多公司是中国最大的俄罗斯食品线上线下交易平台，贸易品种达到 4000 余种，丰泰公司是中国最大的俄罗斯进口食品代理平台，代理品牌 50 余个，年贸易额超 4 亿元人民币，2017 年"双十一"仅紫皮糖就成交 150 万单，网上销售额居全国首位。俄罗斯农产品及优质食品已通过黑河在庞大的中国市场取得丰硕的成果且潜力巨大。第五，黑河拥有中俄毗邻地区最强大的智库支撑。依托中国社会科学院俄罗斯东欧中亚研究所、俄罗斯科学院及远东研究所和中俄医学类、财经类大学联盟等70余家中外智库机构的百余名院士专家团队，率先在国内成立了服务中俄合作的黑河开放发展智库联盟，成功举办了10余届农业科技、林业生态、旅游康养、"一带一路"等系列国际学术论坛。

中俄合作最具活力的方向在远东，最具潜力的领域在农业，最具优势的地区在阿穆尔州。特别是黑河与阿穆尔州布拉戈维申斯克市是中俄两国边境线上19座毗邻城镇中城市化率、关联度最高的地区，地缘特殊性、交通运输便利性、能源资源互补性、产业合作承接性和人文交流紧密性的优势在中俄边境上绝无仅有，理应在中俄农业合作提档升级中发挥示范引领和主力军作用。一是携手打造跨境农产品运输大通道。加快推进黑龙江公路大桥、跨江索道、中俄东线天然气管道等重大跨境基础设施建设，实现两地公路、索道、航空、水运、管线、电网、光缆七大通道贯通，共同谋划黑龙江铁路大桥和连接西伯利亚大铁路主干线的跨境交通项目，开辟中国内地联结俄罗斯腹地的农产品国际运输新通道。二是携手打造中俄农产品贸易大窗口。扩大俄罗斯大豆、小麦等农产品进口规模，积极进口俄罗斯优质畜产品、水产品，组织国内鲜活农产品对俄罗斯的欧洲部分、西伯利亚地区出口；建设冰鲜水果蔬菜基地，加快完善以肉类、鲜活水产品、果蔬为重点的冷链物流体系。三是携手打造两国农产品加工大平台。依托黑龙江公路大桥两岸桥头区，共同申建黑河—布拉戈维申斯克市跨境经济合作区，创新合作体制机制，促进发展要素自由流动，吸引两国产业转移聚集，深化能源资源、农林绿色食品项目合作，构建境内外互动、上下游衔接的跨境产业链，推动两岸经济社会快速发展。

中俄关系已进入新时代，相邻省州承担着新使命，沿边市地应该有新作为。这次圆桌会议，将为加强中俄地方农业合作进行顶层设计，指明发展方向。在此，我提三点建议：一是双方应加快编制并实施中国东北地区和俄罗斯远东及贝加尔湖地区农业发展规划。创新中俄农业合作模式，探索中日韩"3＋X"合作，打造面向世界最具活力和竞争力的中俄农业合作示范区，共同应对逆全球化趋势和国际贸易壁垒，共同维护世界粮食安全，增强两国在农业领域上的话语权。二是双方应放宽畜禽产品进出口限制。加强政策层面的相互沟通，建立相互协调的质检标准和疫区范围动态调整机制，促进畜产品、乳产品、水产品等领域合作，不断扩大贸易规模，提高中俄农产品的国际竞争力。三是双方应提高农业合作便利化水平。尽快解除阿穆尔州农林领域对劳务用工的零配额限制，创新金融合作方式，解决在俄投资企业融资难问题，促进两国农业生产要素自由流动。

　　各位领导、各位来宾，深化中俄地方农业合作，需要两国政治家的远见卓识和顶层设计，需要两国地方政府的责任担当和务实合作，更需要两国企业界的积极参与和创新推动。2018年9月，由黑龙江省政府主办，黑龙江省农委和黑河市政府承办的中俄农业科技合作洽谈会，将在黑河举办，我们诚挚邀请各界朋友充分利用这一平台，打造中俄农业合作新的增长极，在中俄地方合作交流年中作出沿边省州新的、更大的贡献！

　　谢谢大家！

参考文献

中文文献

［1］［俄］A. B. 奥斯特洛夫斯基、殷剑平：《在全球经济一体化条件下俄罗斯远东区域政策的发展前景》，《俄罗斯中亚东欧市场》2004 年第 10 期。

［2］［俄］B. И. 伊沙耶夫、П. A. 米纳基尔：《俄罗斯远东：经济发展的现实与可能性》，徐景学等译，黑龙江省社会科学院西伯利亚研究所内部发行 1998 年版，第 106 页。

［3］［俄］M. Л. 季塔连科：《亚太地区的稳定合作与俄中利益》，载李铁、朱显平《新形势下中俄区域合作研究》，吉林人民出版社 2014 年版。

［4］［俄］П. A. 米纳基尔：《俄罗斯远东经济概览》，对外贸易经济合作部东欧中亚经贸合作研究咨询组译，对外经济贸易出版社 1995 年版。

［5］郭连成：《俄罗斯东部开发新战略与东北亚经济合作研究》，人民出版社 2014 年版。

［6］贾大猛、宋思雨、周瑜等：《新时期中俄地区合作与发展：基于城市的视角》，知识产权出版社 2014 年版，第 12 页。

［7］刘惠荣主编：《北极地区发展报告（2015）》，社会科学文献出版社 2016 年版。

［8］苏晶等：《黑河—布市：两国一城　共同繁荣》，《中国交

通报》2015 年 8 月 5 日第 1 版。

[9] 吴坤：《黑龙江省和俄罗斯远东林业经贸的发展趋势》，《中国新技术新产品》2012 年第 17 期。

[10] 邢厚媛：《以全球视野推动跨境合作区创新发展》，《国际经济合作》2014 年第 11 期。

[11] 邢广程：《理解中国现代丝绸之路战略——中国与世界深度互动的新型链接方式》，《世界经济与政治》2014 年第 12 期。

[12] 徐广淼：《十月革命前俄国北方海航道开发历史探析》，《俄罗斯研究》2017 年第 5 期。

[13] 杨文兰：《俄罗斯远东地区开发的历史变迁》，《西伯利亚研究》2014 年第 1 期。

[14] 张建辉编译：《正在崛起的东北亚经济圈》，《河北经贸大学学报》1995 年第 2 期。

[15] 朱家辰：《关于人民币区域化发展趋势的研究报告——以中国黑河市和俄罗斯布市为例》，《黑河学刊》2015 年 5 月第 5 期。

外文文献

[16] ［日］赵宏伟・青山瑠妙・益尾知佐子・三船恵美『中国外交の世界戦略——日・米・アジアとの攻防 30 年』明石書店，2011 年 3 月。

[17] А. В. Волгин, А. А. Шильнов, Нефтьной комплекс дальнего востока, Вестник Международной Академии Наук, 2017г, С. 49 - 55.

[18] Угольные месторождения Амурской области（https: // studwood. ru/1208302/geografiya/osnovnye_ mestorozhdeniya_ uglya_ amurskoy_ oblasti）.

［19］ Архипов Г. И, Минеральные ресурсы Приморского края：состояние и перспективы（https：//cyberleninka. ru/article/n/mineralnye-resursy-primorskogo-kraya-sostoyanie-i-perspektivy）.

［20］ Ресурный потенциал Приморского края（https：//vuzlit. ru/16462/resursnyy_ potentsial_ primorskogo_ kraya）.

［21］ Минеральные и земельные ресурсы республики Саха（Якутии）（http：//xn--80aa2bkafhg. xn--p1 ai/article. php? nid = 14188）.

［22］ Водные ресурсы на дальнем востоке（https：//studwood. ru/1282317/geografiya/vodnye_ resursy）.

［23］ Музей Арктики и Антарктики. Российский государственный музей Арктики и Антарктики. Санкт-Петербург：РОСГИДРОМЕТ，2008. С. 9.

［24］ История открытия Северного морского пути（https：//studwood. ru/1029676/turizm/istoriya_ otkrytiya_ severnogo_ morskogo_ puti）.

［25］ Путин назвал подъем Дальнего Востока важнейшим национальным приоритетом：Общество：Россия：Lenta. ru（https：//lenta. ru/news/2015/12/03/far_ east/）.

［26］ Ямилов Р. М. Вариантный анализ развития Дальнего Востока России（http：//ekonomika. snauka. ru/2014/11/6256）.

［27］ Дальний Восток：стратегический приоритет российского государства—EastRussia（https：//www. eastrussia. ru/material/dalniy-vostok-strategicheskiy-prioritet-rossiyskogo-gosudarstva/）.

［28］ Во Владивостоке прошло итоговое заседание коллегии Минвостокразвития России（ФОТОСЮЖЕТ）（https：//

minvr. ru/press-center/news/13329/）.

［29］ Заседание итоговой коллегии Минвостокразвития России
（СТЕНОГРАММА）（https：//minvr. ru/press-center/news/
13450/）.

［30］ ВЭФ-2017： итоги 》 Экономические термины （http： //
economtermin. ru/novosti-jekonomiki/2246-vjef-2017-itogi.
html）.

［31］ Дальний восток президентского внимания： почему
регион поддержал владимира путина — амурская правда
（https：//ampravda. ru/2018/03/22/80877. html）.

［32］ РСМД： Дальний Восток станет модным （http： //russian-
council. ru/analytics-and-comments/comments/dalniy-vostok-
stanet-modnym/？ sphrase_ id = 10281861）.

［33］ Путин в Пекине： как Россия встраивается в китайский
Шелковый путь：： Политика：： РБК （https：//www. rbc.
ru/politics/14/05/2017/59159e0d9a7947318586f81f）.

［34］ Обзор внешнеэкономической деятельности Амурской
области за 2017 год，http： //dvtu. customs. ru/index. php?
option = com_ content&view = article&id = 23702：2017 –
&catid = 294：2017 – 04 – 12 – 04 – 43 – 47&Itemid = 306.

［35］ Программа развития приграничных территорий Аму-
рской области до 2025 года，http： //invest. amurobl. ru/
info/region-strategy/.

［36］ Политика Китая и северный морской путь （http： //vo-
prosik. net/politika-kitaya-i-severnyj-morskoj-put/）.

互联网资源

［37］ 国家发展改革委、外交部、商务部：《推动共建丝绸之路经

济带和 21 世纪海上丝绸之路的愿景与行动》，2015 年 3 月 28 日，中国政府网，http：//www. gov. cn/xinwen/2015 - 03/28/content_ 2839723. htm。

［38］潘德礼：《黑龙江边境口岸——现状、比较、困难与问题》，2015 年 9 月 18 日，个人图书馆网，http：//www. 360doc. com/content/15/0918/21/19204025_ 499980928. shtml。

［39］杨玉国：《俄罗斯"远东一公顷土地法"2 月 1 日起全面实施》，2017 年 2 月 1 日，国际在线，http：// news. cri. cn/20170201/de4a9d2c - 8d31 - 864a - 16d8 - 9045529f8b68. html。

［40］《中俄关于进一步深化全面战略协作伙伴关系的联合声明》，2017 年 7 月，中国网，http：//www. china. com. cn/ news/world/2017 - 07/05/content_ 41153556. htm。

［41］《中国的北极政策》白皮书，2018 年 1 月 26 日，国新网，http：//www. scio. gov. cn/zfbps/32832/Document/1618203/ 1618203. htm。

［42］《深度：北极航运的优与劣》，2017 年 6 月，中国水运网，http：//www. zgsyb. com/html/content/2017 - 06/06/content_ 639977. shtml。

［43］《俄中友协主席：中俄关系被普京视为特别优先》，2013 年 3 月 20 日，环球网，http：//world. huanqiu. com/re- gions/2013 - 03/3749106. html。

［44］《国务院关于边境贸易有关问题的通知》，1996 年 1 月 3 日，商务部网站，http：//www. mofcom. gov. cn/aarticle/b/ bf/200207/20020700031328. html。

［45］《国务院关于进一步对外开放黑河等四个边境城市的通知》，1992 年 3 月 9 日，中国政府网，http：// www. gov. cn/zhengce/content/2010 - 12/27/content_ 4966. htm。

［46］《国务院办公厅关于黑河市与苏联布拉戈维申斯克市开展"一日游"活动的复函》，1988 年 8 月 15 日，中国政府网，http：//www. gov. cn/zhengce/content/2012 - 03/06/content_ 4090. htm。

［47］《国务院、中央军委关于同意开辟黑河、哈尔滨至俄罗斯和哈尔滨至日本国际航线的批复》，1992 年 9 月 4 日，中国政府网，http：//www. gov. cn/zhengce/content/2016 - 07/28/content_ 5093708. htm。

［48］《国务院办公厅关于促进东北老工业基地进一步扩大对外开放的实施意见》，2005 年 6 月 30 日，中国政府网，http：//www. gov. cn/zhengce/content/2008 - 03/28/content_ 1364. htm。

［49］《国务院关于近期支持东北振兴若干重大政策举措的意见》，2014 年 8 月 8 日，中国政府网，http：//www. gov. cn/zhengce/content/2014 - 08/19/content_ 8996. htm。

［50］《国务院关于支持沿边重点地区开发开放若干政策措施的意见》，2015 年 12 月 24 日，中国政府网，http：//www. gov. cn/zhengce/content/2016 - 01/07/content_ 10561. htm。

［51］《"十三五"旅游业发展规划》，2016 年 12 月 7 日，中国政府网，http：//www. gov. cn/zhengce/content/2016 - 12/26/content_ 5152993. htm。

［52］《"十三五"现代综合交通运输体系发展规划》，2017 年 2 月 3 日，中国政府网，http：//www. gov. cn/zhengce/content/2017 - 02/28/content_ 5171345. htm。

［53］《兴边富民行动"十三五"规划》，2017 年 5 月 28 日，中国政府网，http：//www. gov. cn/zhengce/content/2017 - 06/06/content_ 5200277. htm。

［54］《中共黑龙江省委、省政府关于进一步扩大开放、加快发展外向型经济的决定》，1992 年 5 月 3 日，法律法规网，http：//www. 110. com/fagui/law_ 277673. html。

［55］《2017 年全市对外贸易运行情况》2018 年 1 月 22 日，黑龙江省商务厅网站，http：//heihe. mofcom. gov. cn/article/shuju/201801/20180102701817. shtml。

［56］《阿穆尔州》，2018 年 1 月 8 日，驻哈巴罗夫斯克总领馆经商室网站，http：//khabarovsk. mofcom. gov. cn/article/dqjj/201801/20180102695226. shtml。

［57］《广西“十二五”期间不断提高边民生活补助》，2015 年 9 月 7 日，国家民族事务委员会网站，http：//www. seac. gov. cn/art/2015/9/7/art_ 36_ 236567. html。

［58］《国家税务局关于明确黑河等十二个边境城市执行外商投资企业税收政策问题的通知》，1992 年 10 月 5 日，法律法规网，http：//www. chinalawedu. com/falvfagui/fg21829/13140. shtml。

［59］《边境小额贸易和边境地区对外经济技术合作管理办法》，1996 年 4 月 1 日，商务部网站，http：//www. mofcom. gov. cn/article/swfg/swfgbf/201101/20110107349119. shtml。

［60］《关于促进国家级经济技术开发区进一步提高发展水平的若干意见》，2005 年 3 月 21 日，中国政府网，http：//www. gov. cn/zhengce/content/2008 – 03/28/content_ 2052. htm。

［61］《国家级经济技术开发区国家级边境经济合作区等基础设施项目贷款中央财政贴息资金管理办法》，2014 年 4 月 28 日，财政部网站，http：//www. mof. gov. cn/zhengwuxinxi/caizhengwengao/wg2014/201408wg/201503/t20150327_ 1208387. html。

［62］《国务院关于近期支持东北振兴若干重大政策举措的意见》，2014 年 8 月 8 日，中国政府网，http：//www. gov. cn/gongbao/content/2014/content_ 2739396. htm。

［63］《中共中央 国务院关于全面振兴东北地区等老工业基地的若干意见》，2016 年 4 月 26 日，中国政府网，http：//www. gov. cn/zhengce/2016 - 04/26/content_ 5068242. htm。

［64］《黑龙江和内蒙古东北部地区沿边开发开放规划》，2013 年 8 月 9 日，国家发展改革委网站，http：//www. ndrc. gov. cn/zcfb/zcfbtz/201309/W020130923355496142867. pdf。

邢广程，男，中国社会科学院中国边疆研究所所长、研究员、法学博士，中国社会科学院研究生院教授、博士生导师，同时任（兼）国家社会科学基金项目学科评审组专家等多项重要学术职务。1993—1994年，俄罗斯科学院访问学者，2001—2002年任日本北海道大学斯拉夫研究中心客座教授。入选中国社会科学院"有突出贡献的中青年专家"，新世纪"百千万人才工程"国家级人选，"万人计划"哲学社会科学领军人才工程专家，"四个一批"人才工程专家，俄罗斯"普希金奖章"获得者，享受国务院政府特殊津贴。主要研究领域为俄罗斯政治与外交、中俄关系、中亚问题、上海合作组织、苏联历史、中国边疆学等。主持、承担多项国家级、省部级重大科研项目，学术专著《苏联高层决策70年——从列宁到戈尔巴乔夫》获中国社会科学院优秀科研成果奖一等奖。

刘爽，黑龙江省社会科学院东北亚战略研究院院长、东北亚与国际问题首席专家，研究员，硕士生导师。1982年毕业于哈尔滨师范大学历史系获学士学位、1986年毕业于黑龙江省社会科学院研究生部俄国史专业获硕士学位、2004年毕业于中国社会科学院研究生院世界历史系获博士学位。曾任《学习与探索》杂志社文史室主任、俄罗斯所所长、东北亚与国际问题研究中心主任、黑龙江省社会科学院副院长等职。兼任黑龙江省俄罗斯东欧中亚学会会长，国家社科基金和出版基金评审专家，国务院政府特殊津贴专家。主要研究方向为俄国史、当代中俄关系、东北亚国际关系史、史学理论等。多次承担国家社科基金项目，出版《苏联解体的史学阐释》《哈尔滨俄侨史》（合著）、《二十一世纪的西伯利亚》（合作译著）等学术著作多部，在《俄罗斯东欧中亚研究》《欧亚经济》《世界历史》《国外社会科学》《马克思主义研究》《俄罗斯与亚太区域》等中外期刊发表多篇论文。

谢宝禄，男，汉族，1963年3月生于哈尔滨市，祖籍山东平原，博士研究生学历，经济师，研究员，经济学博士。先后在哈尔滨工业大学、中国社会科学院研究生院、美国加州州立大学洛山矶分校、新加坡公共服务学院等院校学习。历任黑龙江省委、省政府信访局（办）副局长（副主任），鹤岗市委常委、市政府常务副市长，黑龙江省社会科学院党委书记兼省马克思主义学院院长，中共黑河市委副书记、市政府市长等职务。长期从事经济管理和研究工作，是黑龙江省社会科学院研究员、省政府参事室特约研究员；先后兼任《公仆与信访》杂志、《东北亚年鉴》主编，黑龙江省历史文化研究工程编纂委员会主任，黑龙江省东北亚研究会理事长。与他人合作承担国家社科基金项目（编号：15BJL042）《跨越中等收入陷阱与我国产业结构调整优化关联研究》，主持了黑龙江沿边对外开放和黑龙江省政府简政放权第三方评估报告等课题研究项目，牵头主办、承办了多个国内国际大型学术活动，在国内外报刊媒体刊播文章百余篇。